田秋信
北京陈式太极拳

田秋信　述著　　夏旭东　摄影

人民体育出版社

巍峨的山峰，仰之则弥高；

湛蓝的大海，俯之则弥深；

然以我视之，不过俯仰之间耳！

——田秋信

田秋信老师惠存：

名师高徒
桃李满园

中国武术协会原主席李 杰 敬题

文武智信

北京陈式太极拳研究会名誉会长
北京华城武术社名誉会长
田秋信惠存

中国武术协会 原主席
中国武术研究院原院长 李杰 敬题

中国武术协会原主席、中国武术研究院原院长李杰题词

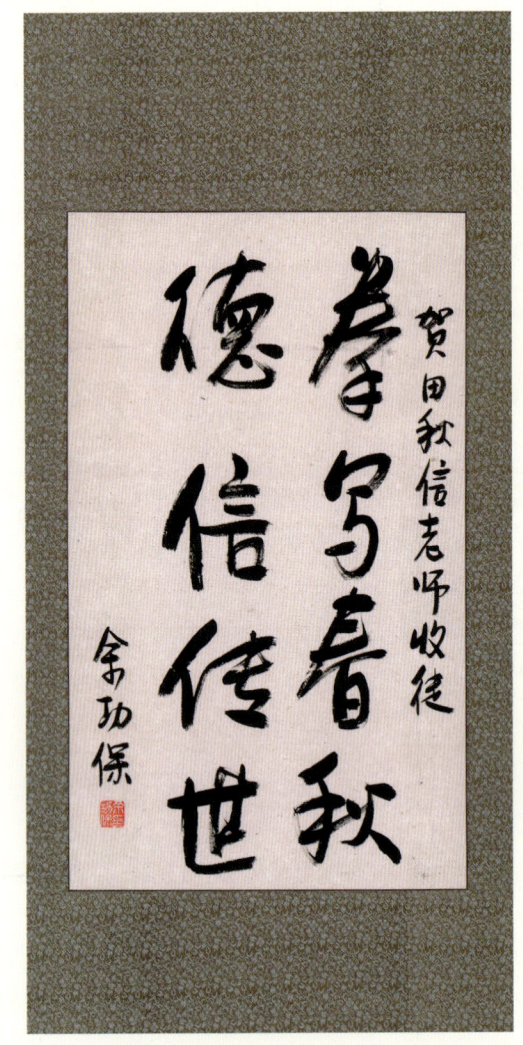

拳写春秋
德信传世

贺田秋信老师收徒

余功保

著名武术文化研究专家余功保题词

2013 年 5 月于美国科罗拉多州博尔德市古风拳社传拳

2013 年 10 月
于西藏拉萨传拳

2014 年 3 月
于北京传拳

2014 年 4 月
北京陈式太极拳联谊会
于中山公园活动合影

2015 年 6 月于南京大学举办讲座

2016 年 12 月于首都体育学院举办讲座

2017 年 4 月于河南温县中国太极拳职业教育中心讲学

2016 年 1 月门内年会暨收徒仪式

2019 年 4 月于北京奥林匹克森林公园太极拳辅导站

信手拈来都是拳

——致拳友

自幼时受家叔田秀臣先生启蒙熏陶习拳，至今已垂70年，而自1960年开始教授太极拳，至今也近60年了。时代在前进，历史在演变，社会在发展，但人们对太极拳的爱好和兴趣，却始终如一。太极拳是深合阴阳转化、互为其根等哲理的"哲拳"，又是富于中国传统文化内涵和艺术性的拳种，更是一门符合武术本质、充满实战和技击性、"来去无空手"的实用拳种。吾辈习拳，当领悟其哲理，发挥其内涵，明了其实战原理。一生上下而求索，不外乎欲求一个真太极，还原其本来面目。巍峨的山峰，仰之则弥高；湛蓝的大海，俯之则弥深。武学之道，正如山海一般高深，俯仰之间，浩瀚无垠。"只要一息尚存，我当自强不息"，这是我的座右铭。我曾自作一首小诗：

太极阴阳互为根，转换折叠劲宜隐。
终生求索意无垠，吾欲获得宇宙魂！

在此，谨将我数十年来习拳、授拳的心得和体会奉献给广大拳友，供大家参考，请大家批评指正。

抱拳为礼！

田秋信
记于2018年岁末

1

拳拳有品自天然

——在田秋信先生七十五岁寿宴暨收徒仪式上的致辞

今天非常高兴来参加田秋信老师的收徒仪式，在此表示热烈的祝贺！又听说今天恰逢田老师七十五岁寿辰，在这里祝田老师健康长寿，为我们中国的太极拳事业作出更大的贡献！这是双喜临门。

我和田老师认识几十年了，我觉得，田老师给我最突出的印象有三个方面。

第一，田老师是一位有思想的武术家。武术家有很多，但是真正要谈到有思想，特别是在武学方面有系统的、深邃的思想，有独特的观点和认识，却不容易，达到这个程度的不多。我听过田老师讲课，也看过田老师演练，特别是田老师这些年在高校里为推广太极作出了很大的贡献。我也是从高校里出来的，所以对高校武术发展有特别的感情。一个武术家只有有思想，才能真正赋予他的武术、功夫灵魂——一个能够长久传承的灵魂。能够做到有思想很不容易，除了有先天的条件，有后天的不懈努力，还要有悟性、机遇等，我觉得这一点上田老师非常难得。

第二，田老师还是一位有功夫的武术家。他几十年来非常勤奋地钻研，研习不断。北京有时有些重要的、大型的活动，需要选择陈式太极拳的代表上去演练，我经常推荐田老师。为什么呢？就是因为有功夫，就有底气，上去以后能代表北京陈式太极拳的水平，让人一看就能够了解。像最近我们和国家体育总局健身气功管理中心联合搞的"太极文化和健身气功国际论坛"，要请一位太极拳家表演，我也推荐的田老师。还有我们"三亚南山世界太极文化节"的一系列活动，也经常请田老师参加，就是因为他有功夫。

第三，田老师还是一位有担当的武术家。"有担当"就是有很强的责任感。有思想、有功夫，练好了是自己的事儿，有一些武术家关起门来，保守，甚至故步自封，不能将武术的社会价值充分发挥。只有有担当的武术家才会不计名利、不计报酬地广泛传承，这是一种社会责任感、历史责任感。有的时候在和田老师聊天谈拳的过程中，就能充分地感受到这一点。他的"担当"也体现在敢于充分发表自己对于太极拳理法、功技、发展的看法，始终保持一种独立的追求与见地，这是优秀武术家高格调"拳品"的彰显。

我觉得以上三个方面是田老师的性情使然，所谓"拳拳之心，浑然天成"。这三方面也是衡量优秀武术家的一个重要标尺。

今天还有几位后学拜师田秋信老师，值得祝贺。我常说"拜师"是可以和我们传统所说的"四大喜事"——"久旱逢甘雨，他乡遇故知；洞房花烛夜，金榜题名时"——相媲美的，其实还有第五大喜事，就是"拜得明师门"，其对人生的意义不亚于前四项。所以你们拜入田老师这样的明师门下，是一辈子的幸事。今天还有过去已经拜师的从各地来的弟子，大家能够拜入一位"有思想、有功夫、有担当"的武术家门下，也是人生的一大幸事。

再次向大家表示热烈的祝贺！

余功保

2016年12月18日

目　录

拳理篇

拳法篇

拳照篇

拳功篇

附　录

拳理篇

论源流

——传统于发展中形成，也在发展中继承

万物源于规律。

物质不灭，规律不变，但运动无停，人类的文明与艺术发展无停。变是不变的永恒。万物都在变化中发展，然而规律依旧。变是绝对的，不变是相对的。人的生理条件，在以万年为单位的时间量度内基本是不变的，而服装则变化无停。没有不变的事物，然而规律是永恒的。人们在历史长河中，发现规律、研究规律、认识规律、掌握运用规律，从而得到升华，进而认识到规律的永恒性。武术所遵从的规律，从来就存在于自然界之中。

武术，起源于原始社会人类为生存而进行的搏斗。武术不因任何儒、释、道等思想或宗教流派而生，反而是这些派别的人士来引进、学习武术。原始人类与世上其他动物一样，时刻在为生存而斗争，与天斗，与地斗，与威胁同类安全的各种侵害而斗，人类在进化中自我保护能力随之提高，并逐渐形成和发展出格斗术，这应是武术最早之来源。各种动物在生存活动中都在不同程度地为更好地生存繁衍总结经验，人只是动物中最高级的。武术来源于生产与生活，因此不能把武术归类于后来产生的任何思潮，这样不客观，更不能以《周易》等书去本末倒置地强行解释武术，这样会歪曲武术的发生、发展历程。对于任何经典都要善于解读，特别是要科学、理性地解读，切不可盲目崇拜。

一个事物的产生、一个论点的确立，开始都是朴素的，后人不断丰富、充实、发展、提高，给它以新意，这符合事物发展的客观规律。不能把诸多武术拳种，牵强附会地归类。种种神秘玄虚的说法，以及没有可检验性的怪论，只是误己误人而已。任何拳理必须符合哲理、逻辑性强，才有说服力。

从哲学理念注意太极拳的理论修养与研究，才会不断向新的高度升华。不合哲理地去解读太极拳是站不住脚的。

真正认识太极拳须客观、求实、科学、理性，须有大智慧。任何理论须有可检验性，让初学者有可操作性。存在的不一定有感觉，存在的不一定有表现形式。不要把自己当试验品，不要被怪论引入迷途。

规律是客观存在的，不以人的意志为转移。然而人们在实践中不断总结，找到并掌握客观规律，在代代相传中能使人们提高对规律的认识。换言之，就是在不断的实践中从"必然王国"向"自由王国"发展，产生质的飞跃。

我不同意一种说法：凡是与某著作不同的观点都是错的，凡是某著作没有的而在实践中总结出的观点都是多余的，或被冠以"无稽之谈"。这是以某著作的卫士自居。任何名家、名言、论著和影像资料，都是作者本人练太极拳的感悟和总结，都是重要的参考资料。不管他有多大的名气，都不能不接受后人的理性检验。这是因为历史时期不同，都存在着历史局限性。历史在前进，人们对客观世界的认识也在不断地改变和升华。许多历史是在作者笔下不断被加工，因此我们要善于在学习中客观、求实地分析，汲取养分，丢弃非理性的东西，充实、丰富现有的科学知识，起到承前启后的历史作用，以谢先人。

前人的宝贵经验要继承，在继承基础上发展的陈式太极拳才有生命力。应理性地研究前人留下的宝贵经验，又要善于总结自己的体会和感悟，科学、理性地继承理念要认真分析、牢牢掌握每个动作的科学规律。换言之，就是要符合人的骨骼折叠规律。每个动作具体地讲就是：从支点到落点，练的是中间环节，求的是最佳值。教与学都要始终站在理性的研究、探讨和寻求规律的基点上，而不是其他。

传统并非静态的、一成不变的。

所谓"传统"，自有其产生和发展经历，是在不断发展的过程中逐渐形成的。变是绝对的，不变是相对的。我在台湾讲课的时候，他们跟我谈，说打的是陈发科的拳，一点儿都没变。其实他们传下来的是陈发科早期的拳，和山东洪均生有点像，拳架比较小。陈发科一生也在变，在从1928年来北京到仙逝的这30年时间里逐步达到炉火纯青，一直在变化。从熟悉到精深、到升华，他是一步一步地在变。不变才怪，想不变都不可能，没有任何不变的事物。过去的老前辈，他练到那个程度，你必须学他好的东西。

但再好的东西，因为历史的局限性，后人还要继续发展，你不能总停留在过去那一段。咱们说吃早点，吃的是老北京芝麻烧饼，你说它传统，可是它原来叫"胡饼"，从西域传过来的。明末清初，清军入关，留发不留头，留头不留发，都要改留大辫子，有人说就是不能剃，结果几百年后留辫子又成了传统，现在又没人留辫子了。传统也是在不断地沿袭和演变，不断地提炼。现在搞讲座，你看大家穿的什么，20年前我在清华北大搞讲座，你看那时候大家穿什么，留的发型是什么，它都在变，潜移默化地不断在变。

陈式太极拳前辈给我们留下了宝贵的财富，我们要认真学习和研究。然而历史的局限性使太极拳领域还有无尽的研究和发展的空间。一部著作和一段影像在历史上起到了承前启后的作用。作为现代人，很好地继承和发展才是对前人的尊重！任何所谓经典和影像都是一个领域里的参考资料，今不如昔的观点极不可取。不能把自己凝固在某一点，不能随着前人的仙逝而凝固在老前辈的境界上，不能因此而止步不前。传统文化是在产生、发展、流传和变化中升华，过去的凝固了，更新的、更先进的又产生了。事物就是在不断变化中成长、壮大、升华！

所有的事物都是处在变化、发展的过程中，没有这个理念，太极拳如何发展？要想发展，就要有新的东西。时代在前进，社会在演变，历史在发展。过去很多好的东西，只是在那个时代属于最先进的，符合了当时人们的需要。流传到今天，它的使用价值已经不存在，只是因其不可多得，不可复制，因其历史内涵的深厚，而具有了不可替代的历史价值与收藏价值。原始人钻木取火，古代人用火刀、火石、火镰、火绒，近代有了火柴，现在都用打火机，没有人再去钻木头。几十年前家里有辆自行车都极为罕见，现在很多人家都有汽车，现在普通老百姓用的汽车肯定比慈禧、袁世凯用的强多了。有的人喜欢收藏古代钱币，现在的冶金、雕刻等制造工艺，肯定比"开元通宝"那时候强，也不是做不出来比那精致的铜钱，只是因为"开元通宝"具有了历史价值。日本人曾发明过弧线形上旋球，一届比赛就被打下去了，架不住直拍以速度和力度抵消了任何旋转。篮球板后来用玻璃钢的，200

多斤的分量挂在环上面没事儿，要是过去用木板的，咔嚓一声就成劈柴了。

用客观、求实，与时俱进的理念评价太极拳是严肃的学术问题，陈腐观念挡不住文化发展的历史进程。

传统与继承。

现在和过去真是大不一样了，所以传统和继承需要好好界定。什么叫传统？怎么来继承？传统不是凝固不变的，得善于继承。继承它什么？全盘儿端，傻小子一个，那叫小驴儿拉磨式的继承，子子孙孙都走不出这个圈去，就没法发展。超越它不等于不尊重它，它在特定的历史时期是先进的，但有其历史局限性。"好古"不等于"泥古"，"考古"不等于"复古"。不能将历史上的某一点凝固、僵化，说后人无法超越，一味厚古薄今。现在我们练拳、讲拳，看出前人的问题所在，这不等于不尊重。

当前传统太极拳文化的发展是空前的，"大师"这个称谓已被庸俗地滥用。在太极拳的历史长河中，曾涌现出许多令我们尊敬的明师，他们弯下身来像一座桥梁，给后人铺路，这叫接地气。也就是说，把自己继承传统文化的经验和自己的阅历结合好，用通俗的、生活化的语言解读太极拳的理论知识，而不是标榜自己，给后人立一堵墙来神化、玄化自己。任何太极拳理论都有它的发展规律，要有可检验性和可操作性。

对于传统、继承、传承、发展和原汁原味都要有准确的解读和定位，也就是对各种过程有一个科学理性的认识和判断。武术是一种文化。我们的历史责任就是要继承，这是基础，不继承就无根，根不保持，如何发展？皮之不存，毛将焉附。所以我们要爱拳、学拳、练拳，为的还是拳。然而前辈的东西固然是好的，但总是不可避免地存在其历史局限性，我们要科学地继承并发展之。生命在于科学的运动。

任何名家名言、理论观点和视频，都要以自己的实践去不断验证，不断求索，决不能盲从。历史上的名家名言、箴言格言、经典著作，不管是谁说的谁写的，都有其历史局限性，都是一个领域内的相关资料，仅供参考而已，不要照搬。陈鑫怎么说，我不愿意和他一样，他书上（《陈氏太极拳图说》）写的、画的动作都怪怪的。所以我们不要把这个拳想象成是哪个大师怎么打，就按照那个去练。太极拳的属性就是技击，符合最根本的拳理才能起到健身作用。

读懂前人。

对于前人，比如留下了视频影像资料的家叔田秀臣先生，要认真、客观、理性地读懂他这趟拳，要认真继承、认真传承，努力发展好北京陈式太极拳——发展，才是最好的继承。因为对太极拳的爱，才会不断地寻求各种不同的打法，有对比才有鉴别，通过鉴别来决定选择，有了选择才有目标，有了目标才能有正确的努力方向。要仔细认真揣摩"原汁原味"的实质含义。

对先人的论点提出质疑是正常的，毫不影响对先辈们的尊敬，我们要在学习中落实，在落实中继承，在继承的基础上发展，在发展中升华，切不可故步自封。

我总结了一句话：功，求于师、积于勤、出于思、失于堕、严于己、警于体、明于理。明拳必先明理，不看书不行，死读书还不行，到底怎么行？应该是善于读书。我们练拳的过程、传承的过程，就是不断提纯的过程，有发生、发展和升华。因此一定要理性、科学地对待我们所进行的事业。事物都是在发展，没有静止不变的，我们应该本着把上一代的好东西总结起来，掌握它、丰富它、发展它，把它传下去的初心，这才能形成传统。过去的好东西一定要牢记，一定要争取掌握。老前辈逝世了，他的东西便凝固了，我们要在他的基础上继续发展。太极拳还有很大的发展空间，绝不是静止不变的，不会止于哪一代大师，抱着"今不如昔"的观点不行，应该是要发展，有很多的事情都是这样。

何为正宗？何为原汁原味？

以陈发科先生为例，早年教弟子的打法和晚年教的打法差异很大。我在去台湾时发现陈发科早期弟子传承的和山东洪均生所传打法近似，这就证实陈发科的拳法也不断地变化升华——没有不变的事物，拳亦如此。

所谓"正宗"，无非是锻炼合理，符合于我们这个物理世界的基本规律。1998年我曾到中国武术院，接待台湾的武术代表团。台湾的客人来后第一句话是：我们是来朝圣的。说明大陆是最正宗的。但真正正宗与否，关键是把东西练出来，开始要模仿老师的动作，后来再落实到自己身上，才算练出来。

有人曾问，我和家叔田秀臣先生的行拳动作以及风格均有不同，是怎么回事？这还是因为拳是一种运动方式，变是绝对的，不变是相对的，事物是在变化中不断前进发展的。我开始的时候也曾极力模仿，大家都说特别像，但我却找不到太极拳的"劲"。我叔叔不愧是太极拳大家，作为后辈，要善于看我叔叔的录像，要读得懂。但是他的劲路连绵不断，劲别如此清晰，是我所看到的太极拳名家中最好的一位。当时我叔叔的身体欠佳，有些轻灵动作难以表现。由于年龄和身体的原因，所以两代人的风格不同。但他的"黏劲"是我辈望尘莫及的，他永远是我们学习的楷模。模仿可以是一个开始的过程，但绝不是目的。我从来不要求我的弟子和我完全一样，我告诉他们要把自己完全展现出来，模仿最多是一个赝品，是一个复制品。如果两个不同的人，拳的高度、速度完全一样，那肯定是错的，而我的要求是把自己的最高水平练出来。在习练过程中不应始终追求像前辈，并且更不可将之作为自己标榜正宗和原汁原味的根据。

没有一个自我标榜者是把拳打明白的。明理是真格的，太极拳要合于哲理，强调原汁原味本身就不符合哲理。哲理是技术和艺术，练拳是以其技术和艺术不断强化自身的本能、特点和特长，以求本质的升华。初学一定要像才对，一生以像为标准就不然了。淡化本能、特点和特长去一味屈就于表现形式是本末倒置。练拳要求劲儿的质量，没有劲儿的升华，像谁也没用。

北京陈式太极拳的历史人物和各时期的事件，我经历不少，然而我更注重如何掌握实质内容，以便更好地传承下去，善于学习和借鉴先人留下的文化瑰宝，是传承和发展的根本。

习拳难，开悟更难。

练好太极拳要大智慧，小聪明不行，凭小聪明是练不出名堂的，要锤炼大智慧。心眼小如何练得好拳？一种理论须有经得住考验的论据，敬前人而不盲从，不亲身验证就绝不推崇，无论是谁说的。智慧和本事是经验的积累，是经历过并经得住验证的。练好太极拳，对比鉴别非常重要，没有对比鉴别就难识真伪。

书不尽言，言不尽意。悟，难言也。过去老前辈讲拳，根本没有什么理论，就是"麻花劲儿"，出拳的时候就是"呼"地一下，迈步的时候就是一指脚下说"看这儿"。对老前辈要尊重和学习，不能崇拜，崇拜就是盲目的根源。徐霞客写的东西都是自己亲身经历的第一手材料，因此我们不能总是坐在家里谈天下。一生读自己，读懂自己不容易。

客观、求实、准确地评价自己、知道自己，练拳、知拳，不过高评价自己，把自己放在属于自己的位置，这是懂得自己不懂，是懂的开始。要练好拳：知难者，不难；不知难者，难；先学后知难，知难而进。我练拳六十多年，大家说我懂了，我却觉得不是这样，反而越发地感觉还有太多的不懂。一切都在求索中，对任何问题不可轻下断语。练拳人皆可，懂拳不容易。我也还在锲而不舍地苦苦揣摩，真的懂又谈何容易。

练拳开悟的过程，就是和自己肢体对话的过程，就是不断调整的过程。新的意识不断替代原有不完美的调整过程，简言之就是悟与落实的过程和不断向完美进步的过程。不懂否定就不会提高，读懂自己不容易，特别是读懂自己之不足，才能有不断的修正和提高。

何为"懂得"？

读经典的人很多，误以为自己读懂的人也很多，真读懂的少之又少，还是在实践中去验证吧。我只会阐述我自己练拳过程中的体会，不想哪本书哪个名人怎么说的，我对引经据典，不管谁写的、谁说的，我们都要在练中印证落实，在落实中求实、求是。在练中求索，在求索中认识和提高。不崇拜、不被文字游戏迷惑，任何名著作都是作者自己收集整理的体会，都在一定程度上有局限性，因此我们要理性地分析，刻苦认真地练好自己，教好学生、传好拳，用实践识正误，引经据典不是务实真明白，知识是宝贵的，落实是重要的，不是用来卖弄的。大器晚成者多，经验的积累及阅历的广博是成功的要素，心态的稳定是义无反顾的前提。

欲左先右等依法类推是规律，是本能，连其他动物也有此本能，只不过人能聪明地发现规律、认识规律、掌握和运用规律、强化规律，并以文字升华为理论，这也是客观地升华发展了这个规律。太极拳的书我看过不少，由于历史的局限性和信息视野的今昔差异，那些所谓经典只是一个领域里的参考资料而已，要做理论的践行者，不做八股文的酸秀才。仅能摔打几个人就误以为自己懂，外行人说外行话，好为人师，指手画脚的大有人在。

知道的越多，发现的未知数就会更多，知道的永远比不知道的少。太极拳还有很大的探讨空间。不懂得自己不懂，误以为懂得很多。当懂得自己不懂，才是懂的开始。当多年修炼懂得很多时，自然就会懂得自己还有太多的不懂。不懂装懂乱说话是典型的因无知而无畏。有些人看过几本书就自以为是，到处卖弄知识，这些人"正确的废话"太多。经常引经据典，其实自己根本不懂所引用的东西。

踏踏实实谈自己的体会感悟最实在，文字游戏最耽误时间。真正喜欢武术和刻苦学习的人，是不会东拉西扯的。在没有练到一定程度前，只有原则性的提法，根本达不到实践中技术细化要求，也就是"可操作性"。张口闭口满嘴都是经典解决不了我们任何实际问题。

在读文献时要理性研究，读懂每个文字游戏中的真正含义。切忌盲目地引经据典、照搬自己不懂的东西去说教。在实践中遇到具体的技术问题，任何书本知识都解决不了，只有在实践中求真知。纸上谈兵者很耽误事，看到说明还没到，这个距离可能需要一生的努力，然而也不一定能做到。俗话说：望山跑死马，人到山下不言山。

热衷于引经据典和猎奇自己也没弄懂的文字游戏，还不如踏踏实实到实践中去体会，以获得些许实在本事，才有令人信服的话语权。包括我在内，每天归零。认真努力不可懈怠，决不故步自封，永不满足目前水平，认真揣摩。在成长中总结，在总结中提高。练一辈子拳没有变化是没有进步、没出息的一辈子！

客观、理性、求实、求是、认真研究太极拳理论与实践相结合才是真正的目的和大方向。练习太极拳，由于目的性不同、角度不同、层次不同、履历不同，经验价值也不尽相同。以传统文化的保护神自居是不懂"传统"二字的含义，盲目崇拜是人类事物发展的绊脚石，然而阻挡不了事物前进步伐。把神秘面纱撕开，把简单直接的道理诠释清楚，这是责任。

只练不总结不行。困惑是因为练到一定程度认识提高了，对自己不满意了，又不知如何做，这时产生的。对太极拳的认识过程，就是不断认识和不断否定的过程，就是在这一过程中不断升华。

用自己实践感悟，用自己的语言诠释对太极拳的理解是对拳友的负责和尊重。文人编写的文字游戏往往没有可操作性。太极拳靠的是实践，不能量化。练明白了不会说的不少，没练明白却爱说的也不少。就像练太极拳有不同感觉、不同层次，所谓各抒己见实质上就是在不同角度、不同层次上对太极拳不同认识的自我表述。不管你练什么式的，师承有什么不同，正确的只有一个，不正确的七嘴八舌。真正的大家不争论，正所谓顶级相通，争论激烈是还不成熟的表现。

应如何看待读书？

书要读，拳要练，但要会读书、善读书。历史上的经典总结和传播了宝贵的中国传统文化，我们要珍惜和理性分析，要在认真刻苦的练习中找到自己的感觉，不断用武术的技术、艺术强化自己的本能、特点和特长，这是任何武术都要达到的目的。

书可参考，但不要看成约束条律。读死书、死读书，读书读到死也莫衷一是，误己而已。只看书不练功，到老一场空。空谈误国，实干兴邦。可是在武术界空谈的人不在少数，经常作好为人师的说教，老讲别人听不懂的，这说明他没说明白，根本问题是他自己也不懂。

存在的不一定有感觉，存在的不一定有表现形式，实践中求实、求是是正道，故弄玄虚是误人。好好练功，不可掉进文字游戏陷阱中浪费宝贵时间。任何理论和说法都要有可检验性，让初学者觉得有可操作性。能否把深奥的理论生活化，这是检验一个论者是否达到某层次的方法。

太极拳的规律其实就是自然人运动规律的强化和升华。人们用太极拳的运动方式来健身是认识到太极拳运动符合人体的生理运动规律，不明拳、不明理练一辈子空架子，是不懂拳。规律是不以人的意志为转移而永恒存在的，因此任何人都没有资格垄断其解释权。

要善于读书，要认真揣摩，要理性分析，从思想上领会，找出可操作、可借鉴的实质内容。不要盲目采信，把所谓经典像枷锁一样套住自己不能自拔，更不要以经典著作的保护神自居。

谈拳必引经据典，只能证明你看书了，但检验你看没看懂，就要以肢体语言为标准。知识书中求，本事练中求。学无止境，揣摩终身。读万卷书是知识，行万里路才能练本事。现在敢称师的太多了，好为人师的到处都有，大言不惭、高谈阔论的比比皆是，懂得太多，就是没读懂自己。自己没有练明白还给别人乱指路的现象，历史上不少，现在更甚。

我对《太极拳论》等一本本的所谓经典，看得不比谁少，然而我注重在实践中求证，而不是将其作为讨论中的谈资。太多的不明白人，竞相追着著名健身习练者，想学功夫，结果却是零。

引经据典不如老实练拳。

陈发科1928年10月来北京，1929年陈鑫去世，1933年陈泮岭资助出版了《陈氏太极拳图说》，陈发科、田秀臣都没读过陈鑫的书，没有一位拳师是看《图说》而成功的。

有人将陈鑫论述"螺旋缠丝"与牛顿发现"万有引力定律"等同。陈鑫只是陈式太极拳某部书籍的作者，是对自己所知的进行总结，与牛顿不可相提并论。螺旋缠丝是物体运动轨迹，是中国129个拳种的核心共性，太极拳只是一个拳种，陈式太极拳更只是其中流派之一。螺旋缠丝是物体运动规律，也照例不是谁的发明创造。对任何所谓的经典都不可无限拔高和痴迷，读懂了书，却没练明白拳。一旦练明白才知道所谓经典并不精确。陈鑫的书没有可操作性，也代表不了陈式太极拳的精华，不看也罢。把太极拳看简单了是不懂拳；把太极拳玄化、神化更是误人。

评价太极拳的水平时，应有一个科学理性求实的技术标准，不能，也不应该以一个人的录像来衡量，技术标准不能带丝毫的感情因素。

太极拳是一种文化。

太极拳是中国几千年厚重文化积淀的一部分，至于每个具体个人把它当成什么，是因为每个人的取向不同、视角不同、层面不同，特别是文化知识和实践知识存在差异而各自表述而已。

太极拳是文化现象，有其厚重的文化底蕴，因此，我们每个人都机会平等。你选择了太极拳文化，能以何等意志去求索，达到何种意境，就要看你、我、他的个人奋进的毅力。我在各大学多次举办太极拳专题讲座，每次都在阐述太极拳的文化属性。从我开始教拳到现在，历经几十年，一直在对之进行研究探讨。

把太极拳定位在打打杀杀的雕虫小技就太肤浅了，因此我们广大拳友在练习太极拳的同时，一定要注意研究太极拳的文化内涵，不断提高自身文化素质和修为，避免好高骛远、急功近利。万丈高楼平地起，练好拳是基础，只有把拳练好，才能守护住太极拳的文化阵地。

太极拳是一种哲理化的拳术。

武术，特别是太极拳有着厚重的文化内涵，处处充满哲理。太极拳是对立统一的拳术，是质量互变的拳术，是否定之否定的拳术，是动静开合互相转化、阴阳互为其根的拳术。因其处处符合哲理，故而不断用哲理指导拳理，来检验我们的拳术，因此有人称其为"哲拳"。

太极者，阴阳而已。大家知道太极图，它表示了阴阳，又表示了快慢、刚柔、进退。阴阳学说是在中国古代对自然界认识水平的基础上发展起来的，包含着朴素的唯物辩证法的思想。我们学习太极拳不必拘泥于古人对拳理的认识，尽信书不如无书。但我们学拳练拳也绝不能脱离理性，要主动地利用唯物辩证法去审视太极拳，这样可以使我们对拳理有更加清楚的认识，通明拳理是练好太极拳的基础之一。 太极拳中处处含有对立统一的矛盾，即处处有阴阳，略举几例如下：

开与合：合中寓开，开中寓合，开合相互转化，互相依存，有着内在联系。

起与伏：有起有伏，起伏有致。

快与慢：有快有慢，快慢相间。快不能乱，慢不能滞。

刚与柔：有柔有刚，刚中寓柔，柔中寓刚。柔不能软，刚不能僵。

乱与序：人乱我不乱，虽是乱环，却乱中有序。

百家拳种，顶级相通，殊途同归。

中国129个拳种，内涵都是相通的，只是训练方式有所不同，是人体本有的骨骼折叠规律决定了这种相通性，任何拳种都不例外。没有一个拳种是孤立存在的，每个拳种在武术的历史长河中发展都是互相借鉴、相融相长的。百家拳种，顶级相通，殊途同归。就像登山一样，在半山腰看到的风景各不相同，但攀登到了顶峰，看到的就一样了。各拳种的真正大家都没有争论，评论拳种的优劣往往是不成熟的表现。正确的只一种，不正确的五花八门。我的总结是，不管哪个拳种，都是从支点到落点，不断优化中间环节，最后求的是最佳值。

然而内涵"相通"不等于表现形式"相同"。各拳种由于所处地区不同和派系传承的源流演变，其表现形式和系统性却各不相同。作为武术老师，要虚怀若谷、海纳百川，切不可小家子气，闭门造车、闭门称王。拳种不分优劣，功夫却有深浅，个人努力才是重要的。无论练什么拳种，只有真下功夫，才能达到目的。也就是说，若想功夫上身，必须下功夫苦练，这山望着那山高，见异思迁，不能沉下心来苦练基本功、细心揣摩，无论改换什么拳种也达不到你所要的功夫。

何为"大师"？

陈式太极拳在发展过程中，只有第九世陈王庭、第十四世陈长兴，第十七世陈发科是宗师级大师，其他任何被称为大师而默认者，都是不知天高地厚。现今由于网络的发展，各种所谓名家、大师数不胜数，写书的、出光盘的，都太出名了。我发现他们不缺知识，缺的是实践，没有起码的常识。想当宗师开宗立派的也太多了，历史上正式被认可的太极拳有五大派系：陈、杨、吴、武、孙，现在又增加了和式太极拳，其他自行创派则不在此列。一个拳种的认定应当传承清楚、理法俱全、体用兼备。没有这些基本条件，宣传力度再大也不能算数。

我认识或知道一些所谓的陈式太极拳名家，书写得纷繁复杂，似乎很高明，但当看到他的行拳，才知道他根本没把拳打明白。然而，他却误导了太多的追求者。社会上真真假假、虚虚实实的东西太多了，自己要认真地思考，别晕头转向地都信以为真。

打拳一生名者众多，明者太少。因此我衷心恳请各位拳友不要给我贯以大师的名头。千万！千万！

我学拳与教拳的经历。

我是从1956年开始随家叔田秀臣先生学习太极拳的，他是陈发科的高徒。从1960年起，我在崇文区工人俱乐部教拳。1964年是中华人民共和国成立15周年大庆，当年10月2日上午，有各种表演，第一个节目就是集体表演太极拳24式，我代表崇文区参加了表演，效果相当好。"文革"以后，1986年我开始教陈式太极拳，到了1992年，我的学生开始参加北京市正式比赛，之后男女都有获奖者，至今取得过男子第一名和第三名，女子前三名，基本每年都会获奖，也获得过世界比赛银牌，总的来说，成绩还是不错的，我自己没有参加过比赛。我从1993年开始到大学教拳，共在十几所大学里教过拳，主要是清华、北大、北航、中科院，现在在空军部队。学拳的外国人也比较多，如韩国人就有100多人。在多所大学的授课生涯中，在传授太极拳的同时也接受了大学里面的知识与理念，对教学的方式也不断进行改进，教学相长，不断地提高自己。很多学生都踊跃参加太极拳培训，通过学习太极拳，他们重新认识了什么是太极拳。

年轻时我也好奇过，也曾练过枪、棍、双剑、双刀，练过形意、劈挂，当时练得最多的是拳击。随着年龄的增长，我逐渐认识到只有专才能精，明白了人生的时间和精力是有限的，而艺术所涵盖的范围却是无限的，要把有限的精力执于一点，只有"偏执"，成功概率才会高。成功者多为"偏执狂"。精明强干者随时可见，而出类拔萃者则凤毛麟角。欲做好一件事就要放弃其他的爱好，欲面面俱到、样样精通，反而会样样稀松。

我从不否定任何拳种和练习方法，山外有山，天外有天。谦受益，满招损。陈式太极拳是广阔天地，我为之付出了半个多世纪的努力，现在真实的感觉却是刚刚踏入了一只脚，远远没有悟透，因此我会用余生继续努力地坚持研究、体会。我虽年过古稀，却依然每天把自己以零水平看待而自强不息！

我如何教学？

从宇宙的运动到地球万物，都有规律，作为人自然也有他的规律，太极拳的运动规律也是通过代代总结、传承而不断升华。在太极拳的教学过程中，能否更好地表现其技术和艺术，使学员掌握得更好更快，是太极拳老师能力的评价标准。自然人的活动有规律，太极拳有技术规律，老师的责任是用拳的规律强化人的规律，做到：拳即我，我即拳，拳人合一。

首先，我教太极拳遵循客观运动规律，也即自然法则，学生要学的也是运动规律。生活、工作都有其规律，你任校长就有你自己领导、管理的规律，这是个常识性的规律，太极拳亦然。

其次，好教练会鼓励学生走出去多看、多思考。但往往一些心胸狭窄的教练看不得比自己好的教练教自己的学生，更不愿意学生寻求更深层的东西，只想让学生围着自己转，学自己身上的毛病，这是非常耽误人的。每个想提高、想有所成就的习武者都要多访明师，任何有成就的老师都有他的局限性，历史上诸多名家都有遍访名师的经历。因此，鼓励自己的弟子多拜明师也是做师父的责任。

最后，我教拳从不引经据典，完全用我自己的语言来诠释对拳理在各个角度、层次的体悟。顶级相通，殊途同归。照本宣科不算会教，不能掌握太极拳的运动规律不算会学。教拳过程就是介绍自己练拳的经验，不管名气多大的老师教都是如此，教的是太极拳运动规律，没什么可神秘的，而学习者的功夫都是自己练出来的。

老师的作用就是让学习者少走弯路，但绝对不走弯路不可能，也没有捷径可走，原来可能要走10里路才能到，按照我的方法也许走8里就可以，但这8里还是需要走的。知道不等于做到，知道叫知识，做到才叫本事，从知道到做到，也许有一生的距离。见到，才知没到。就像我的诗中所写："遥望太极峰叠峦，凝眸回瞥乃平川。盘山过半方知远，阴阳无限越世巅。"也正是"偏执成功概率高，朝三暮四不可教。要想学得真功夫，心到功到任逍遥"，若要解我此中意，还须用心。

如何选择拳种与明师？

太极拳有不同的流派风格。拳家通过多年练习，因为个人的身体状况、所处年龄阶段及对拳的理解的不同，太极拳就变化了，变化形成各种风格，为了区别，称为陈、杨、吴、武、孙，现在主要是这五大风格，当然还有更多。现在依然在编，有些人练拳不多，编的不少，将来能不能形成气候又是另一回事。中国的武术文化从古至今都在不断变化、发展、提高，在历史的长河中，新的拳种不断形成，合理实用的、能经受实践检验的流传就广泛，延续得就久远，反之学拳几年就编一个套路，甚至创一个拳种，是经受不住考验的。

无论哪种流派，只要形成了式，肯定有它的特点，肯定能得有发展，所以都非常好，学哪个式都没关系，关键是你要遇到明白的老师，不被误导。世上有"名师"和"明师"之分，所谓明白的老师，不要到网上、书上、光盘上去找，那是自己给自己宣传出来的，那些所谓名家是有名的"名"，不是明白的"明"。学太极拳，首先是选师，选明白的老师，老师没办法到大街上去选学生。好老师很少，你就要多走多看，通过对比鉴别，听他讲、看他做，挑个明白的老师再学。会讲课的生活内容多，不会讲课的术语名词多；懂拳的一句话阐明一个理，不懂拳的讲的内容纷繁复杂让人越听越迷茫。明师讲理，理不明拳何以明？言近而旨远者，善言也。真传一句话，假传万卷书。所以要选择，选择也是一门艺术，不在于选学什么式，在选师。

应如何学拳？

知道叫知识，做到叫本事。知识是书本上的，阅历是自己在实践中体悟的总结。从知道到做到，可能要穷其一生。脚踏实地练好自己才是每个太极拳人的正确做法。引经据典不是学问，拳打不好没有说服力，没有自己的体会、只说书上的是没有好好练。秀才不出门，能知天下事，那是知识，徐霞客走遍天下、亲力亲为最有说服力。

"一阴九阳根头棍，二阴八阳是硬手，三阴七阳犹觉硬，四阴六阳是好手，五阴五阳称妙手，周身一动一太极"，五阴五阳只是一个意境，要是从出生开始一天都不断地练，得练三百年才能成，实际上就是说不可能，但要知道有这一层境界。

群山各有景，穷其一生攀登一山也非易事，这山望着那山高是人生之大忌。要清醒地知道，我们的最终目的是了解太极拳文化的内涵和底蕴，练好自己，此外无他。目的、方向错了，将会一事无成。热爱太极，练好自己，不断提升自己的综合实力（包括套路演练、实战水平、理论修养等）才是第一位的。

应该如何做？只挂在嘴上不行，只是说自己是传承人也不行。我们应通过努力用实际行动、用我们的综合实力来向社会证实，血统遗传，功夫不会遗传，谁练就是谁的。所有的努力不一定都能成功，但所有的成功都是通过努力得到的。

要放低调子，练好自己。没学成时不说成，学成才知真不成。自以为是的人，是远没有成的。小孩子长了牙能吃肉，回过头来否定母乳的作用，这是不成熟的表现。当父亲把孩子举过头顶，孩子自以为比父亲高，因为他还是个孩子，待成熟后才能懂得这个道理。

明家求明，不求名。知易行难，知而后行之，必成明家。学拳也应如此。

准确定位自己。

一生读自己，读懂自己不容易。客观、求实、正确地评价自己，给自己一个准确的定位，说起来不难，真正做到不容易。宝塔千千层，层层视野各不同，站得越高视野越广阔，才能知道自己是何等渺小。一个人掉到大海里没有人救，才知道何为"沧海一粟"。给自己准确定位非常重要，五十步笑百步的现象普遍存在。

不断提高自己的综合实力和素质是每位拳友的努力方向，要每天以零定位，一步一位地奋斗着，不断战胜自己。读懂自己，战胜自己，不易。

不忘初衷。

初衷是什么？不外乎以下三点：一是强身健体，二是进一步加强对太极拳的认识，三是了解一些技击功能。开始并没有参加比赛或表演的欲望，更不是去以参加散打、格斗为己任。随着时间的推移，逐步深入，了解和体悟到了一些深层次的文化内涵，然而依然不是，也不可能试图用练到的东西去拿金牌，更不是为了去什么擂台和谁格斗。因此，我们要不忘初衷，进而成长、成熟，对太极拳文化深入研究，真正成为太极拳人。

由于层次的不同各抒己见，这很正常。我不想把自己的一己之见强加于任何人，我是想说：读懂自己，以毕生精力体会、研究太极拳文化并为此作出自己的贡献。要目不旁视，义无反顾地坚持初衷，把陈式太极拳水平提高到一个又一个新高度。好奇心重、见异思迁的心理最后会导致一无所成。以自定的标准去衡量社会发展的历史，无论现在还是将来只能是自讨没趣，只能被社会发展的洪流淹没。脚踏实地地正确理解太极拳的属性，把功夫练在自己身上绝对是第一位的。

论拳架

——我欲使拳，不为拳所使也

练好拳架套路是练好功夫的基础。

拳架套路是多种基本功之中最主要的功法之一。现在有一些"套路无用论"者，这是没有认识到这种基础练习的重要性，也是认识极不成熟的一种标志。在练习中要注意对每一个式子在运行过程中进行认真体悟，以实战含义落实到每一式的要领中。把每一个定势过程练成本能，换句话说，我们练武术就是为了用武术中的技术、艺术和技巧，不断强化自己的本能、特点和特长。认识不到这一点，可以肯定他练什么拳种也练不成。人类的任何活动有意或无意的都有基本功的训练，如书法、国画等，武术更应该强调基本功的重要性。

相对于定势，过势更为重要。

在音乐中，从一个音符到另一个音符，中间叫作"音韵"，没有音韵，就谈不上曲调优美。同理，打拳从一个定势到下一个定势，中间的过渡叫过势。北京陈式太极拳一路共有83个定势（去除重复为46势），其中包含着数量更多的过势。过势非常重要，踢、打、拿、摔等方法都蕴含在过势的转换折叠之中。有的人打拳，单看定势都很美，但当他一旦运动起来，中间的过程就不好了。太极拳应当在过势的内涵、细节中推求，初学者更应在进行熟练掌握套路的整体连贯性复习之外，多练单式、过势，逐步升华。我们在习练过程中，应该把每个单式从开始到结束的全过程练熟、练规范，并对过势进行不断反复地锤炼，就像加工一个个珍珠一样耐心擦拭，打磨得细致入微，使之不断完善，然后再将之串联起来。要充分理解两式之间的内在联系，对每个中间过程的开合、转换、速度、力度、角度、高低等变化，都要认真揣摩其要领，不能只是不厌其烦地走过场。过势衔接之处最为关键，上一式的完成，就是下一式的开始，一个定势的结束也要为下一式做好铺垫，下一式要不断承接上一式的势头，做到两式衔接得不留痕迹，使之环环相扣、连绵不断、遥相呼应、相互辉映，才可光彩照人，犹如大海的波涛和潺潺流水无尽无休，真正做到"拳断势不断"。随后再进行节奏性的练习，把一举手一投足的整体性、连贯性、协调性和运动中的平衡性有机地结合好，使整套拳在运行中极具感染力，令人回味无穷，只有如此组合起来才是一套好拳。

不可墨守成规。

练拳是一个长期的过程，是一个从寻规矩、守规矩、脱规矩，直到没规矩却处处合于规矩的过程。想练好拳就要在肢体上下功夫，但不代表要墨守成规，墨守成规还是因为并不真正懂规矩。我也喜欢看书，但那是为了参考和借鉴前人的经验。如果不能真读懂而纸上谈兵，是难识个中道理的。不下功夫练拳而张口闭口都是引经据典，非常无味。练功既不能取巧，也不能傻练，不能一板一眼地照书练，不可盲目崇拜，不做模仿秀，特别是节奏更不能机械地模仿，照本宣科一生都不会成功。

盘架子是要用太极拳的技术和艺术不断强化自己的本能，用的是下意识和本能反应，让武术为我所用，切不可淡化本能去屈就于表现形式。大家要在珍惜自己的本能特点的基础上去学习武术的技术要求，不可本末倒置。练拳要练出自己，几经锤炼而升华自己，继承是升华的结果，而绝不应是一味地复制版本，练丢了自己就是失败。

节奏感的重要性。

一个人练拳有很多要注意的方面，其中拳架套路运行的节奏是非常重要的，例如蓄和发的过程，快慢速度的变化、力度的变化、角度的变化、幅度大小的变化等。行拳节奏也属于技术范畴，不可忽视，它的表现形式直接说明演练者对所练套路乃至每个动作的理解程度。喜怒哀乐、抑扬顿挫，都在肢体语言中得到诠释和表达，最后体现出陈式太极拳的主要特点，即刚柔相济、快慢相间、螺旋缠绕、松活弹抖。这需要时间的磨炼、需要明白老师的指点，只有真正理解了这套拳，才能体现出其应有的特点。当习练套路达到一定水平时，才会对观众产生感染力。外形应该是内在质量的外在体现，其最主要的体现，就是节奏感。

音乐的根本在于节奏，这和太极拳的内涵是相通的。练太极拳对节奏的要求非常高，能驾驭节奏是能力和水平的表现，能使这种类似于音乐的节奏感为我所用，是难能可贵的。音乐有它的节奏，太极拳也有自己的节奏，就好像时而高峰，时而低谷；时而似大海波涛，汹涌澎湃；时而似山间小溪，潺潺流水。拳的节奏作用在于有效地保护自己以及攻击对方，打我打不着，我打他跑不了，自己的节奏强于对方，便能带动牵引对方。但某一首具体的乐曲节奏与拳的节奏感则会有所不同，有拳友在习练中喜爱听音乐，那是晨练族的做法，随音乐的时间和节奏走，没音乐就没感觉、没精神、不舒服。那就让他听，也不必反对，千万也不要过于绝对化。不过要想真正练好太极拳，是不需要配乐的，过去老前辈也没有配乐来打的，因为拳中自有节奏，配乐会随着音乐的节奏漂移，结果自己要得到的东西都没有了。严格来讲，没有专为陈式太极拳设计的音乐，就算设计了也不会合适。

慢，不是太极拳的主要特点，更不是它的全部内容。

太极拳初学者开始应慢练，逐渐加快，然后复缓，反反复复，这是对太极拳不断体悟的过程。快而不能乱，慢而不能滞。先求慢，慢是为了检查动作，是为了找到感觉，后求快，然后再慢下来，这个过程就像学骑自行车，开始你想快快不了，想慢也做不到，因为慢也是需要技术的，等掌握以后，就欲快则快，欲慢则慢了。然而无论快慢都要符合人的生理运动规律，而不是一味地去求慢，不是越快越好，更不是越慢越好。大家普遍认为杨式太极拳速度慢，但过去真正的杨式太极大家们内部都有快拳，根本不慢，现在看到的只是晨练族而已。20世纪30年代，吴鉴泉和杨澄甫在天安门外表演太极拳，他们都打了八十几个式子，用了八分钟，显然是够快的，但两人都说打慢了。现在为了锻炼身体都慢慢地打，年龄大的越打越慢，但慢了根本无法实战。过快过慢都不符合生理运动规律，尤其是过慢，肯定会导致运动损伤。比如，一袋20斤的面，从这里拿到10米之外，以正常速度，可能十几秒钟即可完成，但如果要求用一个小时完成，就会非常累。所以既不能比谁快，更不要以比别人慢为荣，珍惜自己的身体才是最重要的。相比于其他拳种，太极拳的动作有快有慢，这使得很多年龄大的朋友也能参与其中。但是这个"快慢"的"度"是自己掌握的，无论陈、杨、武、吴、孙各式太极拳，都要注意这一点，速度要掌握到舒服的程度。在实战当中，防守与反击的动作快慢是以对方的速度为根据的，快与慢是相对的，过快不行，过慢也不行，过慢也不等于稳健。快慢以实战应用为准则，对应于实战中的要求，是太极拳内涵中的东西。

低架子不意味着出功夫。

有人说"低架子出功夫"，甚至说要在桌子底下练拳，其实不然。"坐马桶"的动作只能叫"出恭"，出不了功夫。拳架高低要有一个度，架子过低则不可取，因为这样不仅不利于实战中的步法进退和重心灵活转换，完全失去了实战意义与价值，同时也是导致膝盖损伤的原因之一。关于这一点，很多人都有惨痛的经历，应该当做教训总结。这违反了人体的骨骼折叠规律，是不懂拳的表现，既不符合健身需要也不符合实战要求，更毫无观赏价值，可以说实用性与美观性均不具备。行拳中应做到高不直腿、低不荡裆，下势时大腿和小腿若呈90°角就属于"荡裆"了，而臀部若到了膝盖以下，则形成"M"形裆，就更加不正确了。练拳荡裆，膝盖会局部受力，久而久之，焉能不伤？"低架子出功夫"的说法是一种误导，这样练习非但不出功夫，还易出腿病，须多加注意。

协调性。

在练拳的整体过程中一定要注重协调性，分两个方面：①静止的协调性：就是脚下的跨度和两臂展开的幅度在符合拳架规范的前提下，舒展大方、上下相称。②运动中的协调性：就是在行拳走架中水到渠成，也就是根据实战的需要，在运动中协调到位而形成的配合一致，一处抢先或落后便达不到最佳效果，更不会产生合劲。静止的协调性和运动中的协调性有机地结合起来是打通劲路的前提和基础，因此是每个习练者应一生注重的。最后应像多米诺骨牌，支点到落点、起始到梢节的全过程，节节贯串，周身一动，无有不动，如巨蟒出洞，只是外形的动幅大小和表现明显与否略有不同而已。

行拳走架不可一味求像某人。

练拳初学阶段模仿是必经之路，求像某位前辈或老师，只是一个过程，就像学写书法的描红和临帖一样，然而如果穷其一生以像为目标、以像为己任则是不求上进，是没出息。陈发科先生早期弟子和晚期弟子的拳架相差太大了，其传承者有在北京、哈尔滨、大连、山东、南京等地的，在台湾也有陈发科早期的一支弟子，大家都强调自己是正宗，都说："一招半式都不改，原汁原味。"语言有着惊人的相似，然而，走架却有着惊人的差异，对历史事件的描述也有很大的不同。陈发科先生本身早期、中期和晚期也在不断变化，在变化中不断充实、提高和升华。如果练不出真正的太极劲儿，像谁都没用。

古代有"邯郸学步"的典故，看谁走路姿势好看就学，最后是学人家也没学会，自己也不会走了，只能爬着回来。伟大的人物走路姿势不好看，那也是伟人，你走得再好看，也就是仪仗队。人要充分地升华自己，而不是一味模仿。武术是用技术和艺术强化自己的本能、特点和特长，如果把自己的本能、特点和特长去掉了，就什么都不是。你模仿人家成名歌手唱歌，学得再像也是模仿秀，成不了歌唱家。打拳也是如此。

强调和标榜不代表知道了什么，懂得了什么，更不代表掌握了什么。我们要学习有实用价值的东西，不应盲从，不应盲目崇拜。过去好的东西要学习，要在实践中落实，但名家、名言都有它历史的局限性，也仅供参考。要求实、求是，不要进行宗教式的顶礼膜拜。我总结：此猫似虎，然非虎也；此虎不似彼虎，皆虎。

初学看架，高深看势；有架无势，白练一世。

势，是内在质量的外在表现，拳没有气势便只是空架式——架式不等同于架势。没有实质内容的表现形式都是空架子，假把式是没有势可言的。式是表象，有了实质的实力充斥于式中，才显气势，这是随着对架子日益熟练和对拳的理解逐渐加深后才可达到的。拳练到好处方显气势，如书法作品成篇要有行气、气韵。形美不是真正意义上的美，任何外形的东西本身并无意义，关键是实质内容。没有太极内劲的变化运用，只追求外在的花架子功，不是实质上的美，最终其外形也不是真正的美。

故而：以心领势，拳也；以式演拳，非拳也。小教练教式，大教练则重势。

欲速则不达，由浅入深始得法。

初学拳者须知万事开头难，开始应该追求的是架子正、式式到位，不要一看到习练多年者有某些小的转换变化都去一一模仿，有一定水平的拳师那是在换劲，而换劲非一日之功。就像泥塑，要先调整好整体比例，进而一层层向深化发展，最后达到形神兼备而有质感。若中间省去一层功夫，到最后都会暴露其基础的粗糙，只有一层层奠定好基础才有可能完美，急功近利是习武的一大禁忌。初学者要有一个不断调整自己的过程，慢慢地适应太极拳的运动规律，切忌急于求成，要有较长一段模仿老师架式的过程，在适应中调整，在调整中逐渐感悟。先求开展、后求紧凑，至于节奏、刚柔、快慢的韵律都会在习练中自然产生，在反复调整中加强与深化。

当一时难于找到相对准确的方向时，切不可心急，练习太极拳只能扎扎实实，没有捷径可觅，此时要坚持下去，不言放弃。日有所学、月有所得、年必有成。除了认真听课，还要反复练习、复习，等学到二十几个式子，习惯了基本运动规律以后就好了。开始肯定要苦一点，但正所谓台上一分钟，台下十年功。练拳吃得苦中苦，待有成就时，方知苦中求乐的深刻含义。以游戏的心态终不能成功，请功夫到家不是易事，必须吃得千般苦。一步一阶，阶阶扎实，并且尽量缩短每一阶段的平台期。下功夫的不可能都成功，但成功者肯定是下了功夫的。每天练拳不止，全凭自强不息，贵在坚持。

大家进行拳法练习的时候，一般都从外形入手，比如出拳的方向、角度，步法的大小，身法的高低，然后讲发力的方法，比如前脚和后脚怎样用力，腰胯怎样运用，手肘如何拉动。深一点我们讲劲力、劲路、劲别，分析"收"与"发"的关系，研究实战中如何运用。动作正确后就是练习的数量了，只有量变才能带来质变。一种技巧只有经过数万遍以上的练习，身体才能适应。如果身体适应了，内在的东西还需要提出来单独训练吗？我的观点是"内与外共生共灭"。如果外形能做到"节节贯串"，那经络运行也必然流畅自然。打拳呆若木鸡的人，不可能有什么"内功""气功"。我们追求外在之形的同时，内在的东西也会同时增长，因此应逐渐由外达内，由浅入深。

拳架正确与否的标准。

初学太极拳者对拳的特点和技术要求都不可能看出门道，却能有较简单的评价标准。①是否做到立身中正，不左摇右摆、前俯后仰，即前人所谓"低头猫腰，传授不高"。②是否做到以身为轴、以手为轮，一动全动，整体合一。③是否上下开势协调，做到整体性、连贯性、协调性和动作的平衡性有机结合。④是否起伏有致，不能像心电图一样忽高忽低。⑤是否快慢有度，收放蓄发，变化自然。⑥是否做到给观众以感染力，令人欲随其动而动。⑦是否使人感到练拳者憋气吃力，有挣扎较劲的感觉。此外，看一个人的拳，还可以从劲力、劲路、劲别等来判断，也可以观察他的眼神。

要矫正架子，首先要找出最突出的毛病注意修正，调整好后再找一个来修正，依次调整。不要一大堆毛病一起修正，那样效果就不好。在评价架子好坏时，往往在惊人的相似中，有着惊人的差距，在细微之处可见分晓。认清"风格"和"毛病"的区别也是个层次问题，欣赏和鉴别太极拳在一定程度上取决于欣赏者的层次。

松肩坠肘。

所谓松肩坠肘，首先应强调的是坠肘，肘坠，则肩自然随之而松。倘若反之，则为架肘，架肘必耸肩，立身就不正，便无法做到立身中正的要求。另外，架肘还会导致中线和胸腹下方空虚，易被对手所趁和所制。

圆裆开胯。

所谓圆裆开胯，指的是"劲"的圆撑，而非求形圆，并不是看你实际圆没圆。如果你骑在水泥管子上，那肯定是"圆裆开胯"，但你下来还圆不圆？其实，要做到圆裆开胯，就不要去想裆和胯，想哪儿哪儿就是僵的。曾有人问我"腰裆劲"该怎么练？其实人的身体，哪儿没劲儿也不成。有人爱说什么时候练腰裆劲儿，什么时候练胯裆劲儿，什么时候练尾闾劲儿。不是他有意误导你，是因为他自己也没懂。如果练拳按照人体解剖学来谈的话，那就会练成个"僵尸"，要不就是"标本"。人体各部位都是有机结合的，不能腰裆劲儿练几个月，然后练胯、练圆裆，再练练尾闾，这都属于误导。如果说劲儿在任何一个局部，都是错的。太极拳像一个温柔运转的球体，全部是一个整体，一动无有不动，接触哪一点哪里就是切线，所以不要想这个动作是在哪儿。

不可溜臀与泛臀。

"泛"是冒出来，这样不好。"收"也叫"溜"，泛臀不对，溜臀也不对。两个宠物小狗打架，失败的夹着尾巴跑了，那叫"溜臀"。正确的做法应该是"敛臀"，"敛"是在正常情况下不"泛"不"溜"，略有收敛，就像很高兴，但又没有表现在脸上，那样收敛着。

转换折叠在于腰。

腰是承上启下的中间环节，是转换折叠的枢纽所在，但身体的任何一个关节都直接影响最后力发一点的质量优劣。中间只是泛指，不可理解为人体的1/2处，哪一环节动作不到位，腰也无法最大限度发挥其作用。身体的各个环节都要各司其职，忽略任何一点都是不可取的。倘若每个关节都各自为政，都强调自己的重要性，其结果不是僵就是散，就像人缺了任何一个关节都叫残疾一样。

练拳膝盖疼的原因。

多年来，有很多困扰太极拳习练者的问题，比如膝盖、腰胯、踝骨出现了伤痛，很多人本来腿不疼，退休后练练太极拳反倒腿疼了，这不是太极拳本身所致，而是因为错误地进行了练习肯定要受伤。流水不腐，户枢不蠹，生命在于科学的运动。运动一定要符合生理规律。

导致膝盖疼痛的原因，除了前面提到过的行拳过慢和架子过低两点之外，第三就是在转体的过程中，没有做到以脚下为轴。只动身体不动脚，这样就等于不断地横向拧你的膝盖和踝骨。例如，整体旋转一瓶水，转一天也没事儿，但如果把下边固定，力量足够的话就可以把它拧坏。我们转动身体时，一定要以脚下为轴，不然就会造成运动损伤。有的人是脚下不动光转体，到45°的时候就感觉到膝盖在拧着劲。打高尔夫球的动作，就要求背杆时转体，脚却不许动，这只是为了好看，但却会造成腿的不便。所以在转动的时候，要前脚足跟内侧做轴、脚掌外碾，后脚脚掌做轴、足跟内侧外碾，这样才可以有效地保护你的膝盖。

另外在屈膝时，膝盖不能超过脚腕踝骨垂线，否则膝盖过弯甚至超过脚尖，则会承受身体过多的重量，形成弯矩力，就容易受伤。什么叫弯矩力呢？比如两根木头直径、长度完全一样，给之一定的压力，如果哪根木头有点弯，其承受的就是弯矩力，就会先断，直木头承受的就是轴向力，不会轻易折断，也就是所谓"立木顶千斤"的道理。人的膝盖，其功能是折叠及承受轴向力，而非弯矩力。在练拳时，腿部的受力应尽量沿着小腿轴向，避免受到扭矩的作用，这样就可以避免或减小膝盖局部受力，防止膝盖受伤。

轻灵沉静。

这是对步法的要求，要做到轻灵沉静，轻灵而不飘浮，沉静而不呆板。行拳中步法一乱，则身法、拳法亦乱。步法决定着身韵，身韵决定着闪转腾跃。教拳不教步，不算好师父，教拳又教步，将来能超师父。手到脚到身也到，打人如玩笑；手到脚不到，出手也无效。过去说要讲究手、眼、身、步法。不动则为形，动则为法，所以有身形身法、手形手法、脚形脚法。步法还可分虚实，"虚"不是虚空、虚无，"实"不是傻实、呆实，只是身体承重比例不同而已。行拳中步法基本形态有五种：

①进：进步抬腿不可太高，前脚进则后脚必跟进。

②退：退步后脚撤则前脚必随，不可直线而退，直退易溃，斜退得横。

③顾：左顾，即左向横侧步或左前偏闪步。

④盼：右盼，即右向横侧步或右前偏闪步。

⑤定：中定，即随遇平衡。

太极拳习练不可量化。

太极拳和其他拳种一样，在肢体运动和练习时间上都不能量化。

首先是练拳遍数不可量化。过去前人说"拳打万遍"是泛指，并非真打一万遍。例如，过去梅兰芳、马连良等一些京剧大家，他们练功时不可能把各种戏路每天唱多少遍，而是用吊嗓子的方式使每一个音区不断地得到锻炼。太极拳也是如此，数量的堆积不等于质的变化，功出于勤，更要出于思，在对每一个单式都充分理解的基础上，再根据自身的情况和时间，哪怕只练一遍都要用心，以求达到一种意境。有已经练习几年的学拳者仍属初学阶段，除了对老师的讲课内容更要牢记之外，课后练习不要一味凑遍数，要提高练习质量，而不是只求数量。

其次是练一趟拳的时间不可量化。参加比赛时对套路演练有时间限制，比如，一个套路打下来最少不能少于5分钟，也不能超过6分钟。原来比赛的时候，到了5分钟吹一个哨，提醒你，时间不够和时间不到都要扣分。现在改成不吹哨，你错了，扣分了都不知道为什么。平时练，一趟拳的时间不应作很严格的要求，不要把自己限定在某个时间，可根据自己的年龄段、身体素质、掌握的情况和悟到的东西来，最重要的是打出自己的感觉，要因人而异。如果像集体打太极拳那样，都一般快一般齐，功夫永远也练不出来，只是哄自己高兴而已，所以具体时间应由自己来掌握。

永无止境。

练拳的一生是不断调整的过程，是一个不断去除杂质、提炼提纯的过程，永远没有登峰造极和炉火纯青。要不断反问自己：真的掌握太极拳了吗，还是只是练会了多种套路，却都在套路的空间内被套路控制？没有做到松合自然、套路为我自己所用，就是被套路牢牢所控。是拳练人，而不是人练拳。故云：我欲使拳，不为拳所使也。应达于拳即是我，我即是拳，拳人合一的境地。要真正做到，实属不易。须用心练、用体悟，方可拳随身。

论劲力

—— 劲是力的量变，劲是力的升华

"劲"的概念。

1958年，那时候的工厂里用百吨汽锤砸铁块儿，烧红的铁块儿"铛铛"地一会儿就被砸扁了。怎么检验汽锤工人的基本功呢？那时北京刚和瑞士联营出手表，就把一块手表放在那儿，在上面盖一小块儿宣纸，汽锤下面再抹上点油，工人用手动来掌控汽锤的上提和下走，要做到能把宣纸沾下来，但手表却没事儿，这个分寸掌握得简直是到家了。所以我在平时示范技击打法的时候，就像这样来掌握分寸，虽然气势压人，但是绝不会伤到对方，保证只是和对方衣服略有接触，或令其皮肤稍有感觉。也没有用尺子去精确地量尺寸，但是如果换一个人来，也许或者打不到，或者就真给你一拳。这种将力量使用的分寸、尺度与火候掌握拿捏到相当好的地步，就叫作"劲儿"。即根据不同需求，对力度、速度、角度和距离的变化进行调整。

我们练太极拳要练出来的就是"劲儿"，"劲儿"是一个单独的概念，它是相对于"力"来说的。"劲儿"是力的升华、力的量变，它以"力"为基础，在此之上进行量变，根据不同情况的要求，产生力度、速度和角度的变化，单有力量没有变化就不是"劲儿"。劲儿是人类和各种动物在生存发展中的本能，普遍存在于日常的生产生活当中，并非太极拳所独有，任何有生命的动物都在使用。劲儿无时无处不在，因此不必将之说得很神秘玄奥，故作高深让人听不懂，让人不知所措。举生活中的例子来说，比如我们吃花生米和吃豆腐，牙齿咬合的力度、速度相同吗？又比如过年时街坊邻居剁馅儿包饺子，凭经验听声音就能知道是在剁肉馅儿还是剁菜馅儿。再比如抱孩子如果姿势不对，不仅自己不得劲儿，孩子也不舒服，时间长了逐渐找到抱孩子的感觉，也就自然了。将力用得恰如其分，也就是掌握好了劲儿。

因此，所谓劲儿，简而言之就是"力的巧用"。力，如果从物理学中力学的范畴来谈，那是一个学科，这个问题太大。整个宇宙都因力而动，动则新力生，生生不息。然而从拳的角度来说，无非是力的大小、方向、作用点的问题，也就是说：根据运动的不同要求而掌控的力度、速度、角度的变化，让力的使用恰到好处。劲儿是对个体本来力量的最大释放量、最小释放量和最佳释放量的一种控制能力。从不可控到可控，从量变到质变，最后能够有效掌控最大、最小和最佳释放，才是练习目的。不明劲儿，练一辈子也是无效劳动。

拙力与巧劲的关系。

"力"有"本力"，一个人什么都不练，干活儿的时候也有力量，但这是"拙力"。"巧劲"则是通过久练而形成的一种自如的变化。一个人本来具有多大力量？如何巧妙使用他的力量？有人说练太极拳要先进行力量训练，如果那样的话要练多少年为好呢？能够提多少斤重物才算练成呢？所以不能这么说。我们练太极拳，是为了掌握在原有力量的基础上如何进行巧妙使用。当用得好了，就误以为在练习的过程中不知不觉长力量了，其实不是绝对力量增长了，而是使用得更加巧妙了。对方比你力量大，你还能把他摔倒在地，不是因为你的力量，而是因为你的技巧，是运动规律被你掌握了，是你的整体性、连贯性、协调性处理好了。拙力与巧劲在生活中无处不在，然而生活中大家共有的东西一到武术范畴里就令很多人困惑了。

再举一些例子来说明。比如有一把黄豆，要把它从桌子上吹下去，一般会玩儿命吹一口气，但如果要是换成一堆香灰，该怎么吹？那就需要徐徐送气、缓缓呵出，如果直接"噗"地一口，那就得弄自己一脸。所以，干什么事都要知道用劲儿的要求，都要将力有所变化。再比如老太太纺线，一边摇一边出线，又细又匀。可是如果你只用蛮力，一味把纺车摇得飞快，线就老断。不同的工作有不同的速度、力度和角度要求，有不同的尺度，有时候单纯的力量太大了没有用。又比如砸核桃，一下子砸得粉碎就不能吃了，最好是刚好开裂又不碎，这时掰开就可以吃。这里面也是一个掌握"劲儿"的问题，要根据核桃的大小、锤子的轻重、底下垫物的高低和碎裂那一刻的声音等来判断，从而决定下砸的力度。又比如开车，新手紧握方向盘，开得东摇西摆，熟练之后，车即是我，我即是车，就可以随心所欲了。这就叫"斤劲儿"，生活中无处不在，武术中也是讲究这个。

这个分寸的拿捏，还是有一定技术含量的，要让它恰到好处，差一点儿都不行，关键就在这"一点儿"。比如跳高，从一米到一米二，也许半天就达到了，如果到两米以后，长一厘米都非常困难，破纪录就更难了。所以说我们练拳，一定要掌握好它的尺度、它的"斤劲儿"。

习拳为求劲。

陈式太极拳的主要特点是：刚柔相济、快慢相间、螺旋缠绕、松活弹抖。其力度、速度、角度的变化符合人的生理运动规律。总的说各种武术存在共性，只是练习方法有所不同而已。最后要达到的目的不会有什么差异，当然只有功夫练不到才争论多多。从形的协调美过渡到劲的充实，是太极拳练习者所追求的，也是必需的和实实在在要做到的。

我们练拳就是用拳的技术、艺术不断强化自己的本能、特点和特长，绝不能为了表演而本末倒置，不能把自己打丢了，去一味屈就于表现形式。练拳要求劲儿的质量，没有劲儿的升华，像谁也没用。习拳者求劲儿，不明者求像。形的变化是绝对的。练一辈子拳光追求像不行，像不是目的，要找对里面的劲儿，外形虽然不像，但劲儿练出来了，就算练成了。

如何练出"劲儿"？

把太极拳的劲儿说得太简单，不对；说得太玄乎、太神秘、太复杂，没有可操作性，也不对，是误人误己，各位不能不察。功夫不是说出来的，是练出来的；功夫不是教出来的，是练出来的。如果有人说教你个什么"劲儿"，那是骗人，肯定他也没明白什么叫劲儿。或者说"我给你面授机宜，开个小灶，你就能出功夫了"，那也不可能。劲儿是有意识地练习逐渐形成和加强的，然后使劲儿转化为本能和下意识，这在短时间内很难体悟到，须在明白老师科学理性的指导下和自己不懈的努力下取得。

"劲儿"是在练拳过程中不断产生的感悟，劲儿是练出来的，只能在练中求，凭空找是找不到的，只有在由慢到快、由快复缓的反反复复的过程中才能体会出来，在练习中逐步掌握，在久练中逐渐产生感觉。在练习中调整，在练习中体会，它是一种感觉、一种感悟，最后到达到"开悟"的境地。不要过于注重招式等表现形式——忘形，方能得意。我以前练拳的时候，是怎么舒服怎么打，越练越舒服，人家说"你这个不错"，我说"是吗，哦，是不错"。想得越多，身上越僵，越练不出劲来。打拳真正开悟的有几人？真正能做到"松活弹抖"的又有几人？故云：练拳练劲不练招，练招招招皆空，练劲劲劲成招。

缠丝劲、抽丝劲与螺旋劲。

"缠丝"与"劲"，是两个问题，劲有若干种，而缠丝为其中极为重要的一种。可以说，太极拳乃缠法也，不懂缠法，即不懂拳也。缠是动词，是运行方式、运动轨迹；丝是丝丝入扣、细腻不苟。陈式太极拳主要讲的是缠丝劲，缠丝劲中包含抽丝劲。所谓"抽丝"，即如春蚕吐丝，绵绵不绝，拳中叫作"运劲如抽丝"，也就是像在书法创作中书法家运笔时的笔断意连、游丝引带一样。螺旋和缠丝各有技术上的含义，不能混为一谈。所谓"螺旋"是有别于"缠丝"的一种运动轨迹。因为我们的骨骼连接处都是圆滑的，所以可以进行以自身为中心的旋转，这就叫"螺旋"；而以对方肢体为中心的缠绕，则叫"缠丝"。

简言之，螺旋是物体自转，缠丝是一个物体环绕另一个物体的公转。地球时刻进行着自转，同时又环绕太阳进行公转运动，这是规律和常识，不能将之等同。例如：打掩手肱捶时右手臂螺旋而出，就不能说缠丝而出；而用金丝缠腕的手法擒拿对方时，走的便是典型的以对方手臂为中心的缠丝运动。因此，缠丝即是螺旋的说法是不正确的。再例如，中长跑运动员围绕运动场跑叫公转，铁饼、链球运动员通过自转抛出物体叫自转，其运动方式不同。螺旋缠丝，就是自转与公转的结合。我们行拳中是以身带手进行公转，同时肢体在公转的前提和基础上也要自转，只有这样才能把对方的来力边缘化。

螺旋缠丝其实不用学，本来人人都会。让一位老太太去拔个钉子，她也知道螺旋着拧出来，缠线的时候也都知道缠绕着来，谁教她来着？这就是个运动规律。通过螺旋可以加力，脚下蹬地通过螺旋，就像枪膛里的来复线，每通过一个关节都使力在递增。如果没有螺旋，只是直蹬直走，那么每通过一个关节都在递减。这个说起来简单，也不简单。

有人说太极拳就是一个圆，这不完全正确。太极拳应该是螺旋缠绕运动。前辈陈发科先生说太极拳是"麻花劲"，这是高度概括了太极拳的螺旋劲。直击横击、猛冲猛撞是愣劲儿，要在螺旋运动中出击，通过螺旋，可以使肢体延伸，这是实现短打寸劲和零距离发力的方法。而通过缠绕，可以产生"煞"劲，就像蟒蛇通过用身体缠绕来勒死小动物一样。螺旋是本能，缠丝是技巧。

顺便讲解一下何为顺逆缠丝：当你在看手心时的运动过程，便称为顺缠；翻转过来看手背的运动过程，就叫作逆缠。

掤劲，是运动中的张力。

陈式太极拳中有"掤捋挤按采挒肘靠"，统称为八法或八门劲别，而其中的"掤劲"是总纲和基础，贯串于所有劲别之中。所谓八法，就是掤的不同表现形式。要保持掤劲儿不丢，前提是先要懂得什么是掤劲儿，进而真正落实到身上。很多书上写了非常多关于"掤"的论述，莫衷一是，你看了半天也不知道到底什么是"掤"。其实掤无时无处不在，也是属于人体的本能，做任何动作，都既有扩张力又有内收力，就像呼啦圈一样，这就是掤劲。关键是如何认识、研究和掌握它，不断强化掤的本能意识并合理地运用它。比如，当小孩子不想要一个东西时，你塞给他，他就本能地往外推，这就是掤。突然下了雨，手里拿伞，任何人都会本能地把伞撑起来，这都是掤劲的外现。只有生命终止时，掤劲才随之完结。

对掤劲的解释可以高度概括为一句话——运动中的张力。在明师指点下通过长期练习、逐渐积累、不断强化，便可以完成从形成感觉到有意识掌控，从自然本能中将掤劲转化为有意充实的量控本能，最后到返璞归真的过程。

八门劲别。

劲别，即劲力运用的区别。就像组成一张画的各种线条，哪些线条粗，哪些线条细，是有区别的。拳也一样，在练习过程中，要充分学习、体会每个劲的区别。通过一个人的肢体语言，可以判断出其劲别是否清晰、正确。八门劲，既是有分别的，又是统一的。

①掤要张力

掤要撑，饱满圆撑。不是顶，是黏劲，要有弹性。要顺势牵引，两臂圆撑，腰一转，掤即成也。掤是疏导劲，不能硬抗。掤劲是各种劲的基础，无时不在、无处不在，时时处处都要保持掤劲不丢。

②捋前要轻

不要过早让对方识破自己的意图，要引入而不被察觉，才能形成捋。捋要含有按劲，走下弧。肘不贴肋，手不贴胸。捋不能太远，捋在掌中，又曰捋在尺（手臂尺骨）中，或曰捋在身中（除手捋外，前腿可捋对方前腿，脚可捋，身也可捋，还有神捋）。

③挤要横转

两臂不超过膝盖，膝盖不超过踝骨的垂直线，这叫轴向力，过则为弯矩力。手脚要同时到位。不要直着挤出，那是顶。挤就是挤车的那个劲，把人向两边拨。横是劲路，以腰为轴。

④按要松沉

要用全身的劲，尤其要用腰劲，按在腰攻。按时手基本不动，好像打气或推车，手的姿势合适了，剩下就是身子动。按时要有进攻的意识，要用上全身的力量。

⑤采要实

一手上掤，一手下掤，掤劲两分，谓之采。采要采得结实。采也是在运动中形成的，重要的是脚下欺人，抢对方重心。采在十指，采在梢节。

⑥挒要惊

冷脆劲，沾衣而发，似乎肢体已经快运动到尽头，突然发力，称作挒劲。要靠旋转发力，不要硬搬。

⑦肘要冲

要有前冲的感觉，腰胯先向前，之后肘向前腰胯向后，形成对撑劲。此外，肘不单是打，要会缠肘，搭手一缠肘，可将对手摔出。对方进肘，可用肘缠其肘，他退，用肘进其胸。

⑧靠要崩

天崩地裂之崩。两手或成拳或成掌，无所谓。除背靠外，有肩靠、背折靠、肘靠、臀靠、胯靠、胸靠等很多。需要注意的是，靠不同于撞。

劲路要通畅。

将拳练好的关键是要将劲路打通，这是各种技术特点得以实现的前提和基础。劲路就是劲儿的运行路线，要牢牢抓住这条主线。劲路是个纲，纲举目张。因此，应着力注意这一根本性的技术要求。看一个人的练习水平，劲路是标志性的，因此打通了劲路便能使各种技术要求得到充分发挥。如果劲路不通，打好太极拳就是一句空话。

打个比方来说，劲路就好似电路，我们房间里的灯如果哪里不亮，说明电路不通，或者是短路，或者是出现了其他故障。练太极拳的过程，就是不断解锁的过程，以期实现劲路的通畅。疏胜于堵，练拳要把身体练得灵活，不能在某一点截流。要使周身206块骨骼，100多个大小不同、功能各异的肌肉群，有机地协调起来，让劲力在整个传输的过程中节节递增，而不是递减。全身每个点都非常重要，注意不到位则容易"断劲"，过于注意则前后难贯串。每个点要各司其职，但各自为政也可能最终使得劲路不通。

具体来说，劲路应为：源于足，传于腿，主宰在腰，通过以身为轴、以手为轮的转换而达于梢节。

整劲。

劲的整体性，称为整劲。日常生活中，我们用力往往都是直接用身体的某一局部，而不会运用全身的力量。通过锻炼，把周身的力量集中于一点，这个力量就非常大。行拳要求柔而不软，是要保持运动中的张力与弹性，而要柔而不散，则是需要保持整劲儿，压强集中，力发一点，点越小压强越大，让对方感觉到一个完整的穿透力量。

整劲也可叫作"周身一家"。如何能做到？首先要有一个明白的老师指导你，要节节贯串，从脚的力量一直到手的梢节，通过关节的折叠加上螺旋缠丝，每通过一个关节，力都在递增，不可只有折叠而没有螺旋缠丝。明白拳理，把套路变成自己的东西，就能做到周身一家。

刚劲。

所谓刚劲，是刚中寓柔、富有弹性的一种劲力。"刚"不是水缸的"缸"，也不是钢铁的"钢"，不能像锅炉房烧的炉灰渣一样，摸哪儿都扎手，很硬，用手一掰就掉一块，这是僵，要做到刚而不僵。如何炼成高质量的刚劲？刚在人前，柔在人后，应先有心求柔，而后于无意之中修成刚劲。柔而不软、柔而不散，保持整劲，久而久之可逐渐达到运送过程柔而落点刚、以天下之至柔驰骋天下之至刚的境地。

开合劲。

拳者，开合而已；拳者，开合尽之。开、合二字看起来简单明了，但可能苦练一生也难解其妙，不懂开合就谈不上太极劲儿。开中寓合，合中寓开。寓是包含的意思，开合互相转化，随时换劲儿。

松活弹抖劲。

松活弹抖是陈式太极拳主要特点之一。首先要放松，放松才能灵活，灵活才能弹抖。周身放松，蓄劲之后才能弹和抖，就像爆米花一样，周身无处不爆。松不是散，要保持一个整劲，活不能乱，要在非常规范的前提下，超出规范不叫活，那叫乱。

松还可以理解为松沉和松透。陈式太极拳中有很多震脚动作，比如金刚捣碓，震脚不是跺脚和拍脚，是通过周身的松沉劲，给地面一个渗透力。松是为了将周身劲力进行有效地整合，然后把整合出的松沉劲释放到对方身上，才能打出透劲儿。

弹抖和痉挛、颤抖是不同概念，要区别开来。我们可以发现很多打太极拳的人会"抖"，然而却抖得来路不明、去向不清，像触电一样或像脑血栓导致的半身不遂。甚至有的人拳到位后还要刻意地上下抖一抖，那就完全是画蛇添足了。这显然是误把颤抖当弹抖示于人，是没有理解弹抖的真正含义。其实这个"抖"，应该是抖对方，而不是在自己身上某个部位乱抖，都抖在自己身上是没有用的，要作用到对方的身上才行。有很多自称大师的人也在乱抖乱跳，误导了很多人。太极拳是个意气风发的拳术，而不是抽风的拳术。比如"青龙出水"一式中的弹抖是全身震抖，如果只是右臂单独地刻意抖动则是不理解拳意。

惊炸劲、冷脆劲、沾衣劲。

惊炸劲就是周身一震，迅猛发力，一动无有不动。一触即发，一发即收，动作极其短促，沾衣而发。这是一种冷脆劲儿，其特征是不把劲儿浪费在自己身上或运动过程中，而是有着如箭着靶般的一股透劲儿。这是力度、速度和准确度的体现，运动状态合理方可达到冷脆劲儿的效果。

杠子劲与鞭梢劲。

人们大多说太极拳"用意不用力"，这种说法不准确。太极拳绝对需要用力，但用的不是拙力，是用符合骨骼折叠规律和人体运动学的巧劲、周身的整劲。"意"本身就存在，也不用刻意去想，而完全不用力就不是武术了。这里需要指出的是，有些拳友在练拳时看似处处有力，其实是在用拙力、僵劲儿，他们的力不能透发出去，相反，都捆绑在自己身上，导致周身像杠子一样僵硬，让观者感到是自己在跟自己挣扎较劲，看上去好累。这就叫杠子劲，或者僵劲儿。初学者用的多是拙力，习练多年还是用僵劲儿的也很多，只是程度不同而已。

一个人的本力总共有多大？能发出去的力量有多大？还吃在自己身上、僵在自己身上而发不出去的又有多大？这里有个本力值和释放值的问题，本力大小是一回事，最大限度的释放值又是一回事，拳的威力如何，最终看的是能释放和发出的能量有多大。现在公园里有很多练大鞭子的，看看就会有启发：打好了力发至梢节，"啪"地一声脆响，而打不好力就都吃在了鞭杆上，劲儿放不到梢上。我们练拳也是如此，练好了就是要打出鞭梢劲。然而练出鞭梢劲绝非易事，需要周身松和自然才能有高质量的爆发力，练一生能够达到松和自然的也很少，而误以为练好的人又太多。绝不能把自己整成像一块石头一样，把力都凝滞在自己身上，而不能释放至梢节。忘形方能得意，表演意识重是做不到鞭梢劲儿的，于无意中，意至力达，以杠变鞭，放松自然。

动贵短，劲贵长，意贵远。

按照力学原理，物体在加速度之后产生的力量最大，因此，拳的劲道要大，也必须屈臂后猛击，以保证有足够的距离加速。而寸劲则反其道而行之，要求在最短的距离内发出最大的力。故而，尺劲不如寸劲，寸劲不如分劲，分劲不如毫劲，毫劲不如厘劲，厘劲不如零距离劲。

追劲不如等劲，等劲不如迎劲。

两辆同向行驶的小汽车，前车以一定速度行驶，后车速度较快而追尾前车，如此造成的损害并不会很大。如果一辆车静止不动，而另一辆车撞上去，损害就会大一些。但如果两辆车相向行驶，即使速度都不太快，受损程度也会比较严重。所以在武术中，追着打的效果不如在对方静止时打，而最佳的则是打一个迎劲。

换劲、折叠。

换劲即在对抗和行拳中的力变、速变、方向变，步法、角度变和动静之间的转换。折叠就是来回转换。折叠分有形和无形两方面，有感觉与视觉、旁观与自感之分。时而是方向的转变，时而是劲儿的变换，引进与发放时的速变，开与合的变化等。真正做到人不知我，我独知人。快与慢转换于开展与紧凑的一瞬间，使对手失败于从主动惯性到被动惯性转变的失误之中。"折叠"并不仅仅是胸腰或某个具体部位，它指的是速度、力度、角度（左右上下）的变化，包括"眼神"的折叠。如果只有胸腹折叠，那是跳舞，跟实战还是不一样——"折叠"指的是"劲儿"。比如打篮球，后面人追我，想抢我的球，我突然一停，他就冲过去了，或者我突然加速，这都是速度的"折叠"。如果突然发力，那就是力度的折叠。或者"欲左先右、欲右先左"，这个变化过程，又是一个折叠。举个例子，如果现在我这样（抬头看向斜上方），我相信你们都会跟着我看过去，心想那儿有什么呀？这是我的"眼神"领你过去了，这就是"神"的折叠。实战当中，用"神"的变化引导他本能地、下意识地跟着我走，对方就会出现很多空当。所以"折叠"

指的并不是身体哪个部位折叠，我们身体哪里都能折叠？部位折叠是很多外行人讲的，如果在那个文字游戏里面打转，就会晕头转向。

化劲。

通过圆的转换把对方的主动运动惯性边缘化，这是运动中需掌握的规律。化劲要根据对方来力的力度、速度、角度的变化而变化。

听劲。

听就是接触、感觉之后做出的反应，包括感知对方的角度、速度、力度、意图等。听劲是与生俱来的，只是在武术中运用的要求不同而已，不必把它神秘化、玄化。

借劲。

借力打力，是太极拳的主要特点之一，即借助对方的惯性，借对方之力，输导对方的能量，拨动对方，引进落空合即出，来实现我的战略意图。比如，打倒一个人原本需要一百斤力，通过练习以后，用九十斤就可以了，这之间相差的十斤就需要利用对方的惯性，不让对方的力作用到自己身上。如果到后来你只用五十斤的力就能打倒对方，那说明你已经能够借用对方身体一半的力。到最后几乎不用什么力量，就能将之放倒，这就是大家所谓的"四两拨千斤"。然而需要知道的是，要想以巧劲拨动对方的千斤，你必须自己有千斤之力作为后盾，而不是说你只有五两力，就能拿出四两去拨千斤，那是绝对不可能的。什么叫武术？力量是基础，它是速度、力量、技巧、方向有机的结合。一个人充其量能有多大的绝对力量？关键在于如何巧妙地使用。

比如有人推我的时候，我通过旋转身体让对方的力作用不到我身上，让它扑空，有时候还可以顺势还击。这就像大禹治水一样，不是封堵而是疏导，不可硬顶。挤公车的时候，人多怎么办？直挤不行，旋转着挤，这也是一种疏导。四两拨千斤就是将对方的能量疏导出去，这样才可能用最小的能量来拨动他最大的能量。能否真的利用到对方的惯性，这需要一定的水平，如果水平低于对方是借不到力的。

力从足底发。

人类的一般生产生活均以大地为依托，行拳走架也不例外。脚踏实地，人们便会觉得心中踏实。试想，如果登着梯子在墙上钉钉子，或者踩在桌子上干活儿，为什么不得劲儿，而一落地才觉得得劲儿？为什么拴着绳子在半山腰砍柴不得劲儿？这都是双脚离开了地面的缘故。所谓"力从足底发"的"足底"，指的不是你的"足"的底部，而是地面，在蹬地的时候脚与地面有作用力与反作用力，在劲路的传导路线中，劲的来源就是脚，具体来说就是脚蹬地后获得的反作用力。

力从足底发，根植于脚，需要脚下落地生根。然而并非不动才叫生根，脚下不动违反了"一动无有不动"的原则，这是不正确的生根概念。落地生根是活根，不是死根，是运动中的根，每次发力脚下都应有大小不同的调整变化，脚不动则力难达，发出来的也是死力。如果发那么大的力脚下还不动、还没有一点位移，那么肯定会自伤。犹如高速行驶的汽车踩急刹车，对车的部件肯定有很大损害。试想，开关门时哪有门扇动而门轴不动的道理？例如，在掩手肱捶和青龙出水两式当中，发力时脚下都有微小的挫动。所以应做到发力时，脚下既非不动，也不可刻意大幅度移动。

内劲与外形的关系。

在练习过程中逐渐形成的内外合一，其实在生活中都是自然存在的，换句话说，只是学习一个新的东西从外形到整体的合劲都要有一个体悟过程。内劲儿并不神秘。我不喜欢神神秘秘，不喜欢所谓功夫一家独有，秘不外传，把本来简单的事情说成复杂、不可多得的看家本事。人是载体，从内到外，任何部位都不会独立地练习。我们有骨骼、肌肉、血管，它们互相作用，产生力量，不是单独存在的一个内力。看一个人的内力，就要看劲路是否通、劲力是否适度。腹内似海，内外合一，形神兼备。

动作的外形不能代表"劲儿"，"劲儿"却可以充斥任何形。就像一个体育馆，它的外形是一所房子，当里面有学生上课，就变成了教室，驻扎士兵，就变成了兵营。外静引内动，内动催外形，内在要像大海深处的涌动，外形才能有如潮起潮落、惊涛拍岸。形美，不是真正意义上的美。任何外形的东西并无实质意义，关键是内容，没有做到太极拳要求的整合劲儿，并随意变化应用，只求外在的所谓美都不是实质上的美，外形不是我们追求的深层次的东西。

"凌空劲"并不存在。

我的一名拉脱维亚籍弟子田志山（伊露什卡）通过读一些武术书籍发现"凌空劲"的说法，因此问：在一个有影响力的场合，一位大师表演凌空劲，当大师距弟子一米远时，用手轻轻一扬，弟子便腾空而出，接下来的表演是，大师向下一指，弟子便一头栽倒在大师的脚下，这是怎么回事？另有某杂志刊凌空劲照：大师直立，一只手手心朝上，对面约半米，空中腾蹲一人，图解曰"吞"——也是不明所以。类似的例子不用列举太多，试问谁人能信？两个人不接触，弹性何以产生，如何能把对方推和打出去呢，道理何在？能经受科学验证吗？把太极拳神化、虚化、玄化是极其有害的、是站不住脚的。因此、练太极拳应客观、实事求是，用老实、科学的态度，还太极拳以本来面目。

如果你害怕对方，对方还没有抬手，你就被吓倒了，这也许就是人们说的凌空劲，不害怕就没有凌空劲。20世纪90年代我就认识一个谈凌空劲儿的"大师"，前一阵我们还见面，他就说这凌空劲儿怎么怎么样。我说，这儿有一袋儿面，重量不重、比我轻，你能不能不接触让它挪挪窝儿？他说那个没生命，不行。我说那有条狗，你来个凌空劲儿，看它咬你不咬你？他后来也无言以对。还有个"大师"，一推，一米开外的学生就后滚翻翻出去了，刚一站起来，一撩，就前滚翻又翻回来了。然后又拿起一根木棍，还不是铁的，让学生摸，一摸，学生哒哒哒就蹦，最后满地打滚。老外看着就觉得莫名其妙，上去想试试，结果"大师"被人家一推就站不住，根本弄不过人家。属于师徒表演性质的"凌空劲儿"肯定有；如果求实、求是、客观地说，那就没有。如果人家愿意说，你愿意听信，那也没办法。

论心意

——拳以心达

放松。

打拳要放松，首先是精神要放松，精神放松是肢体放松的前提和基础，体现在面部表情上就是似笑非笑。有人教拳，说从这个关节到那个关节如何如何做，这样的说法会令习练者更僵，只能适得其反，初学不要刻意地想太多。不切实际地刻意要求，那个部位就会变僵，只要架子正、注意精神放松就行了。很多人说"胯"、说"裆"、说"尾闾"，应该从脚下开始一个关节一个关节地放松。百脚虫本来爬得很快，很难抓住它，如果按照他们说的，告诉它哪个关节先动合适，又从哪个关节传到哪个关节，那就成什么了呢——冬虫夏草，就动不了了。所以，很多东西不要想，想得越多就想哪儿哪儿紧张，老想着某个部位就没法打拳了。有人讲拳讲得太细，反而让人更放松不了，就什么都不是。我们当年学拳的时候，老前辈也没有这么多语言，他就是在那里打，你自己模仿、找感觉，老拳家也不知道哪根骨头哪块肌肉的名词术语，拳打得也挺棒。现在很多人讲得很细，一看他打拳，就什么也不是了。

放松是生产、生活和生存的本能，一个事做多了，熟练和明白了，自然就进入放松状态。在久练中经过了熟悉和掌握的过程，最后逐步行拳放松，只要执着及付出足够的时间，谁都可以做到。做没做过的事，你不可能放松，做久了自然也就不僵了。比如，刚拿到驾照就开车上路是不可能放松的，开车年头多了，技术动作成为本能，自然就会放松了。再例如，中医评脉时，从精神到手指，首先自己要放松，才能准确感知患者的脉象。太极拳是节节贯串的乱环运动，也是肢体放长运动，只有在放松的过程中，肢体才能逐渐放长，并最终在实战中运用。

放松是一种心态，不要有表演意识。有表演意识，就会全身发紧，精神紧张肢体就松不下来，气息再一跟不上，就会真的把式子忘了。心跳、腿软、头发蒙，看观众席每个人都像座山压顶，岂能不乱？比赛是给裁判看的，表演是展示给观众看的。表演意识太强动作就容易做作，任何表演意识都会影响精神和肢体的放松。初次上台讲话，精神就很紧张，心里不断告诫自己不要紧张，结果还是松不下来。何以至此？还是由于实力的欠缺而心无自信，如何能松？平时的习练中，如果存心一味刻意模仿，一生要求像某人，那么就导致刻板表演意识极强，这是放松的主要障碍之一，拳友们不能不自察。

放松是久练出来的，谁教你放松都是误导。放松的所谓方法论是不可取的，因为放松是一种要求，而不是某种具体的方法。松是一种层次，松是一个结果，松是一个追求。不能把层次当练法，不能把结果当练法，不能把追求当练法。积年累月中，熟能生巧，对越熟悉的东西就越能放松。

"松"是练习太极拳最起码的要求，是技术实施的根本条件，也是任何一项体育运动的基本要求，是取得好成绩所应具备的。在日常生活中人人皆可松，然而到练太极拳时放松就不那么容易了。理论上的放松说来人人懂，但真正放松有几人？初学时动作过快过慢，肢体皆不能放松，一味追求慢更不可能放松。我看到有不少所谓名师的视频，他们的表演矫揉造作，根本不知放松是怎么一回事。放松不只是初学者的课题，练一辈子拳依然没真正做到松的所谓拳师占了绝大多数。谈松易，真松难，松没有所谓的到家，松无止境，是一生的追求，练拳应一生时时求放松。

松不是懈，不是散，更不是软。松不能量化，也不能固化。任何形都不代表松，松是一种感觉。精神放松是要求不紧张、不背包袱，散是散乱、不集中，如果练拳时的精神意念和所练拳架不能统一与协调，架子自然也是杂乱无章的。练拳时应无人似有人，每一动都关系到与对手之间的进退和攻防，焉敢怠慢走神？练架子求放松的时间相对漫长，可以通过站桩来求得。在授课的过程中，幽默的语言也可令学习者放松下来，幽默是一种文化才华，一个不会让周围的拳友放松的教练，他肯定自己也不会放松。

自然。

那些整日里把太极拳说得玄玄乎乎的人是不懂太极拳，不要想那么多听起来好像有道理的东西，只要自然就好。自然是不能表演的，刻意表演就不会自然，就违反了人体的自然规律，任何动作的表演意识则影响自然发力。一些人总是把本来自然的东西说得神乎其神、云山雾罩，把简单的东西复杂化，以致毫无可操作性。给本来自然的东西人为地画一个框框，还自然得了吗？

自然和放松都是人的生存本能，非要增加许多不自然的约束，如何练得好拳？忘形方能得意，忘形不是无形，而是把做作的、刻意的表演去掉。无拘无束，这样才能将自己内心的东西真实地阐发出来。

拳由心发，以心领势。

打拳要有一股"心里劲儿"。譬如打拦腰肘、打掩手肱拳等发力动作，像饿虎扑食还不行，一定要像母老虎看见自己的虎崽被狼叼走，或者像看见去年把你儿子扔井里那个人一样，有股不要命的劲儿，什么都不顾了。1970年曾发生这样一件事，当时的《人民日报》刊登了一则报道，云南一个妇女在劳作时，听到后面有声音，回身一看有只豹子把她的孩子叼起来了，这时她上去一把搂住豹子的脖子，勒住就不撒手，把豹子给勒死了。后来有人来了，想打开她的胳膊都很费劲，这就是伟大的母爱。所以，打拳就是要把自己内心中这股"心里劲儿"找出来、打出来，不拿出这个劲儿来，你打不好太极拳。练拳不用心，一辈子白劳神，须揣摩其意，用心练，用体悟。

有了这个东西，拳才能给人一种气势如虹、势不可当之感，让对方看到你就觉得最佳的选择是逃跑。譬如做到白鹤亮翅一式，要大有支撑天地的感觉，其实一个自行车棚子倒了也支不住，这就是一种自我的感觉。这种感觉、这种"势"，不是一开始就能有的，是在不断揣摩练习的过程中逐渐产生的，从偶然出现，之后不断地巩固、强化，直到最后想什么时候有就什么时候有。行拳之中，时时有一览众山小的大无畏气势。湛蓝的天空，仰之则弥高；蔚蓝的大海，俯之则弥深；以我视之，俯仰之间尔。

"以心领势"，为拳；"以式演拳"，形也。式定势动才能连绵不断，拳断势不断，势断意相连。

用肢体语言阐发内心世界。

太极拳像一首诗，诗可言志，志乃心中所思。诗词歌赋的作用是通过文学的语言和形式，抒发人们的内心情感。而打拳则是通过肢体的语言和韵律，不断阐发我们内心世界的喜怒哀乐、抑扬顿挫。它与书法、美术、音乐等都是相通的。书无止境，诗无止境，画无止境，意无止境。松无止境，拳无止境——一切皆源于心境。

太极拳是个意气风发的拳术，同时又是一个非常稳健的拳术，是舒展大方的拳术、轻灵沉静的拳术。它松活弹抖、刚柔相济、快慢相间，快不能乱、慢不能滞，刚不能僵、柔不能软，处处富有弹性，最大限度把我们人的生理机能调整出来，挖掘出来。要人读懂自己的拳、首先要读懂自己。懂了自己以后，在不经意之间流露出来，即可获得一种艺术上的感染力，令旁观者产生共鸣，不由自主地有一种想要模仿的冲动，方说明你的拳打得出神入化。打拳要有感染力，讲课要有鼓动性。感染力需要高质量的动作和内涵，鼓动性需有综合实力和丰富的经验。

忘形，方能得意。

松和自然全无我，忘形得意，劲儿在其中。久而久之，渐渐领会，渐渐开悟，最后得"意"，方能忘形。拳不是我，我不是拳，要向一种意境去体悟。先贤云：拳无拳，意无意，有意无意是真意。或云：无意之中是真意。老前辈也曾说：行拳如走路，打人如薅草。就是说贵在松和自然，把动作变成下意识的本能动作。无意为本能之使然，意重为做作之作。拳如梦，梦中行，挥洒自如而无表演之意。

神韵。

看拳要看眼神，看和动作配合得是否合理。有人说："老师，我打一遍您看看。"其实根本不用打一遍，只要稍微一做动作，通过你的眼神就知道你对自己做的动作是真理解还是假理解。百拳之法，以眼为纲。"神"的标志在眼，眼是心灵的窗户，是内在质量的外在体现。就像一个老奶奶虽然很慈祥，但看别人家孩子跟看自己家孙子就不一样，从眼神就可以辨别是不是亲的。打拳，在舒展大方的同时，要有神采，神领身动，一动无不动，力度、角度、跨度，式式呼应。

太极拳从一个点到另一个点的过程，就像从一个音符到另一个音符的"音韵"一样，叫作"身韵"。人家说韵味儿好，就好在从一个定势到另一个定势的过程中，这可以一目了然。比如打"掩手肱捶"，如果似笑非笑、嬉皮笑脸就打不了，回去可以试试，发力时如果笑着就发不了，必须眼神像两道利剑，眼神都要有杀伤力。

论实战

——拳打两不知

太极拳的本质属性是技击。

太极拳作为一种武术拳法，其最初的属性就是一项技击艺术。后人的不断充实丰富，特别是和各种文化领域互相借鉴、相融相长，给太极拳提供了更加多样化的内容，通过几百年的发展，这一优秀拳种涵盖了更加富有深度和广度的文化内涵，因此不再只是局限于打打杀杀。但我们不应忘其初衷——技击。

太极拳内容丰富，很多人不能全面了解，所以有一种说法就是"太极拳只能健身"，特别是在很多公园的晨练族中流传。曾经有一个韩国记者采访我，他说他采访了很多公园里练太极拳的，请问为什么练太极拳的多是一些年岁大的？用咱们话说，为什么练太极拳的都是些老头儿、老太太？我说，你能见到他们是因为他们有时间，而他们代表不了真正的太极拳。没有攻防含义、没有技击意识，不能应付实战，那就不叫拳，那叫晨练。太极拳"来去无空手"，没有一招是专门为表演而设计的。

只会套路不会实战谓之操，任何没有实质性内容的表现形式都是空架子。太极拳不是舞蹈，不是操，衡量与评价太极拳的标准就是看是否具备实战含义，是否具有符合技击的实用价值，没有攻防意识就一切都是零。任何一个太极拳名家都应该是一个技击高手，不应该仅仅是健身领头人。否定技击的本质，就是否定太极拳的本质，只有懂得技击含义才能准确掌握习练中的节奏和韵律，进而做到刚柔相济、快慢相间，逐渐把握机会，从支点到落点，不断优化中间环节，才能求得一个最佳值。这个最佳值是：速度、力度、角度和准确度，最大限度地求到了最大释放量、最小释放量和最佳释放量——只有符合人的生理运动规律才能求得最佳值。正因为如此，它也符合健身的运动规律。技击和健身是一个问题的两个方面。因此我们决不应该因取向不同就把它分割和对立起来，不管抱什么目的练拳，太极拳的属性决不会改变。一切动作要从实战出发，一举手一抬足都要知道拳理，要把过程搞清楚。

技击与健身是一体两面的。

我们首先要了解太极拳的本质，即发明这个太极拳是干吗的。任何拳种的初衷都不是单纯为了表演和健身养生，太极拳当然也不例外。遥想几百年以前，肯定没有人给你设计一个健身动作，拳法的创立都是为了技击，这就需要动作的合理性与准确性，才能使力量达到最大和最佳的释放量。因为这种合理与准确的动作符合了人体的骨骼折叠和生理运动规律，有意无意地契合了健身要求，从而使人们达到了健身效果、收获了健康，所以后来人们才会愿意用太极拳的方式去健身。然而现在有人却说太极拳不是武术，如果太极拳不是武术，那是什么呢？我打个比方，就像军人用的枪，现在已经解放多少年了，我7岁那年解放军进的北京城，如今几十年不打仗了，军队每天还在训练，你能说枪是运动器材、健身器材吗？枪就是枪，是战争中使用的杀伤性武器。所以，拳就是拳，太极拳本来是武术，现在还是武术，任何武术都是用来技击的，技击是太极拳的灵魂。多了解每个动作的技击性，才能达到力度、速度、角度和准确度的最佳值，这个"最佳"就可以达到技击的目的，也起到了健身的作用。

所以"技击"与"健身"是一个问题的两个侧面，就像硬币的两面一样，一面是图案，一面是数字，缺了一面就不叫币了，不可以给它分割开来。技击与健身的要求相同，它是一个如何科学运动问题的两个方面，而绝非对立与不同。虽然两者不可分割，但有主次之分。技击是主体、是根本，不能也不应该被淡化，健身、养生、比赛、表演等都是从属，不能舍本逐末，不能用从属与根本相提并论，在任何时候都不能颠倒其本质和从属关系。习拳练拳应当以技击为切入点，我们练太极拳并不是要和谁去打架，但也应该了解实战的含义是什么，这样才有可能把拳练正确。练正确了，才能达到健身的目的，才能获得健康。我愿意多给大家讲一些技击原理，但并不是说让老太太练完回家打老伴儿去，不是这个意思。这个动作是干什么用的懂了、知道了，才能最合理地使你的肢体和骨骼达到最好的锻炼效果。既符合了实战需要，又意外地收获了健身效果，何乐而不为呢？

如果说太极拳只有健身功能，那么其他运动形式也完全可以健身，为何非要学这么难的太极拳呢？所以说太极拳是集技击、健身于一体的运动形式，它要求内外合一、形神兼备，从精神到肢体由内而外地整体协调，从而调整到人体的最佳状态。在这个过程中，说是调节经络也好，说是增强免疫功能也好，都能够抵御疾病，使得身心康健，这令太极拳成为最好的健身方式之一。但有些所谓名师吹嘘自己教的拳能治病，那是跑江湖的骗子，切不可相信，如果确实患病还是应该去正规的医院诊治。

太极拳适合任何年龄、任何性别的人练习，因为它速度可快可慢、架子可高可低、劲力可发可不发，只要适合自己的情况就可以。很多老年人或身体条件不太好的人很钟爱太极拳这种锻炼方式，他们就要慢一点来练。但太极拳不是老年人的专利，更不是只有慢悠悠的这种形式，只不过这样练习的人在公园里数量众多，放眼一望会给人以一种这样的错觉而已。真正懂得太极拳的人就会知道，实战中对速度的要求是非常高的。我曾经与国内外练习拳击、空手道和跆拳道等项目的朋友实战过，对这一点的体会非常深刻。我们支持晨练族，那么大年纪，让他们慢一点，别摔倒。但我们还是不要忘记，太极拳诸多作用中，技击是第一位的，我们要通过不断求索找到技击与健身这两者之间的最大公约数。

陈式太极拳的技击特点。

在技击格斗中，力量、速度、技巧、方向四要素不可或缺。力量是基础，速度是条件，速度加力产生冲量，"一力降十会"说明了力量的重要性，"四两拨千斤"说明了技巧和方向的作用。把握其相互内在联系与密切结合是最起码的要求，在此基础上加强反应、灵敏、变化、柔韧、耐力、协调等的锻炼并落实在手、眼、身、法、步，逐步转化为条件反射下的下意识动作，使全身的运动整体性、连贯性、协调性不断提高，方可立于不败之地。松是练习太极拳最起码的要求，也是练好太极拳的前提和基础。精神的放松是肢体放松的必要条件，松也是最难做好的。初学动作过快，肢体不放松，而过慢、一味追求慢更不可能放松。长拳慢打不是太极拳，太极拳须内缠外裹，互为表里。

陈式太极拳分推手、乱踩花、散打和擒拿，以螺旋缠绕为主体，和其他武术之间共性是主要的，但在具体运动中也有一定的个性化差异。相比于其他式的太极拳，陈式太极拳有一些不同的训练方法，杨、吴、武、孙目前普及的都是慢拳，但其实他们家传也都是快拳，和陈式差不多。在技击时要掌握时机，时是时间，机是空间，要在最短的时间用最快的速度最大限度把自己的力量调整出来，释放出来。太极拳的训练方法不能量化和固化，要因人而异。每个人有每个人的尺度，这个尺度在心里面。拳种是根据个人练习的程度和情况，相融相长，互相借鉴。任何一个拳种都不会孤立地存在。所谓高手，是有经验，也就是经历过，然后验证。中国129个拳种，共性是主要的，总的来说，有了攻防才能叫拳，没有攻防就不叫拳。

先求开展，后求紧凑。

打拳先求开展，后求紧凑，这不仅是拳架习练的一个进阶过程，更是推手和实战的要求。紧凑才能有内涵，通过微小的动作来感知对方的变化并作出相应的反应。比如推手中不让对方弯肘，使其臂直，并力贯其肩，就可控制对方。对方一屈肘，就可变劲和化劲。控制对方胸，就可使其失重。所谓"金肩银胸草肚皮"，若要控制对方的重心，控制对方的肩是最有效的。

如前所述，动贵短，劲贵长，意贵远。打的动作越短促越好，越长越易被对方采化。打要冷、脆、快，慢则失去战机。技击中要练这个"小"，也就是"紧凑"。因此在平时训练中就要做到似展非展，不能完全直，尤其是出拳不能完全打直，要劲发即收。前劲后劲要连绵不断，不能重新起劲，无论发劲与化劲都不能断劲，要蓄发相间，节节贯串。因为当新力未发、旧力未过之时，易被对方所趁，而对方若处在这种状态，也正是发放对方的好时机。

过势处处含杀机。

前面已经提到过势的重要性，这里还须进一步阐述。

任何拳种到最后都是散手，实战中没有什么套路和拳架。所以在每一个式子里都要深刻领会其技击含义，想取得好的技击效果就要经常练单式，反复地练习，擒拿散打的精要都在过势中。

太极拳中的每个动作，刚开始都很朴素、很简单。后人通过长期练习，积累了经验，一代传一代，它才越来越丰富。一个动作，可以这样做，也可以那样做，但无论怎样，都要有它的实战意义，要根据老师讲的和自己的实战能力来理解。比如说，一个动作可以打，也可以擒拿，有经验的老师完全可以从擒拿的角度来讲太极拳，也可以用散打的形式来教授整套东西。但刚开始练的时候，习练者会感觉不到它的用途，这时就需要老师告诉你实战意义，这样可以令初学者感兴趣，并且知道它干什么用，动作就容易规范，也可以帮助记忆。在此基础之上，就应该把太极拳的内劲练出来。刚开始教的都是招，到后来还是教招那就是骗人了。学会很多"招术"，应用的时候可能招招扑空，也许本来打得过人家，一使用招结果挨打了。整个实战过程是一个综合实力的体现，不能说这一招是打脸的，打别的地方就不行，要"因敌变化示神奇"。所以练太极拳应该深化，把它的实际意义、实战意义挖掘出来，但一切的前提是首先将自己的内劲、活劲练出来，用的时候才更好。

攻防。

进攻时，远拳近肘贴身靠，不贴不靠，贴而靠之。一拳之隔是空招，要想有效打击，必须近身。手是两扇门，全凭脚欺人，要利用好步法、身法。手到脚到身也到，打人如玩笑；手到脚不到，出手也无效。出手切忌过远，过远防守不及，过近也容易伤害自己，应远近合度，在自己的控制范围内。进攻不要直奔主题，应欲前先后、欲左先右、声东击西、指东打西。

速度一定要快，唯快不破。疾如风，快如电，打倒在地还嫌慢。快打慢，硬打软，长打短，有艺赢无艺。有象斯有对，对必反其为。即出手时若过慢，则难免有迹象可循，对方捕捉到以后就会做出相应的反应，一旦其应对则必与我之初衷相违背，则无法实现打击意图。

顺势。

以步法带身法，以身带手，打人如搂草，不经意之间已然出手，顺势成招，这是暗劲，实战中令人防不胜防。平时可用打活桩的方法练习，要从有意到无意，顺带连击，脚下步法变换，合适就打。

所谓顺势，再举个例子：如果把你推出去，你几个跟跄，搂住一棵大树可能倒不下。但如果搂住的是一根旋转中的柱子，它不仅不会帮你稳住，还会通过旋转给你一个加速度让你摔得更狠。故而在实战中须守住自己的"中线"。所谓中线就是中轴，是身体旋转的中心，通过身体的旋转，使来力不能作用于我而被边缘化，进而导致对方失控。

视觉的练习不容忽视。

在实战中应知己知彼。知己不易，要有很长一个过程；知彼更难，不观对手动向者必败。观其动向，首先应观其神变，神变的标志在眼。在平时训练中，应注意"手眼相随"，切忌"手前眼后"。眼观六路，眼到手到，切不可以倒置。意念随外界动向的变化而变化，感觉之外，视觉之内，精神内蕴与精神外视和谐统一。

善察对方之脚步。

如果对方要攻击你，他的脚一定会有所移动，否则就打不到你。所以只要瞄准他的脚，其他部位都不用看，他的脚一动，则可迅速判断出敌我距离、方位，并随之出手，即可后发先至。

善舞者众，善战者稀。

甲谓乙曰：曾胜丙。乙曰：君若再与丙对弈，能胜否？甲无语。

善辩者不与善战者斗，善战者不与善辩者斗。善读者，善辩。善练者，善战。

善舞者金牌，善战者不舞。武术不是舞术，然善舞者众，善战者稀。

盘架子与推手的关系。

盘架子的同时就可以练习推手，不需要非等架子练到什么程度，只要有明白的老师，都可以学。只打拳不推手，练了一辈子的也不少。其实无论是打拳还是推手，都是为了把自己身上的"劲儿"找出来。比如要走出涌动感和阻力感，而不是乱哆嗦，推手时也是按照对方的顶力与变化去走劲儿。

推手四要。

一，知其所欲；二，晓其转换；三，明其折叠；四，察其即离。总而言之，要察知对方意图。

推手是一种技艺。

推手：凭力者，拙也；凭艺者，巧也；艺附于力者，为上也。

推手中的力与量，高度概括来说无非是"力的巧用"和"量的变化"。也就是说，不同的劲别对力的掌握就有不同的量变、速变、角度变化和长短之变。也就是说不同的劲别，主动与被动，各自有度乃取胜之本，用力失度乃落败之因。推手技术含量相对较高，其随机应变的反应较为复杂，对于时机（时间、机会和空间）的把握和反应速度、准确度要求很高，是力量、速度、技巧、方向（尤其以45°角最为重要）几大要素的结合。推手本身是抢位运动，换劲在推手中也是必备之技巧，通过巧妙的变换使对手适应不了从而导致其失利。

推手的基础训练非常重要。

推手开始阶段的基础训练非常重要，初学推手由于还不能掌握要领，会很枯燥乏味，也难免腰酸、腿疼、胳膊累，须有毅力。学推手的基本功是非常辛苦的，然而只有夯实基础才能步步扎实，否则到实战中就显得缺陷多多，不能应付自如，贪多求快只能耽误自己。也有习练多年太极拳的拳友觉得自己会推手了，但这只不过是误以为自己会，到时一搭上手便知道一点基础都没有，因此脚踏实地认真揣摩才是最重要的一步。

二棒子是推手的一种基本功，是针对推手过程中的螺旋、缠丝而进行的强化训练，可以模拟推手中的进攻与防守、转换等实用技巧。二棒子这个训练器械是从摔跤那里借鉴过来的，不是我的发明，但是我有一套自己的具体使用方法和训练方法。

推手时身体各部位动作要领。

在推手中，应贯彻松肩坠肘的原则，令两臂如挂，如龙蛇走，如此可令对方只能领走自己的梢节而不波及躯干。双臂双手都应解放出来，不要总想着用手生拉硬拽，两手因无为而无所不为，可像游击队一样神出鬼没、随意出击。倘若双臂双肩因被控制而变得被动时，就运用松活弹抖的抖劲，这样一抖之下便可令对方劲力全部落空。

上惊下取方为妙。声东击西，上一巴掌下一脚。脚不能横拔，要将带转动，运用脆劲、崩劲。崩是带弹性的冷发劲，脆是干净利索快。对方身躯在这种裹崩劲中，大都被摔出去。裆要圆，呈拱形，不可尖裆或成M形裆。圆裆产生暗劲，推手中圆裆暗劲可发人，对方不知道你的虚实。

过去的拳谚中曾说："拳似流星，眼似箭，腰似蛇形，脚似钻。"除此之外，还有"鸡脚龙身虎豹头""猫窜、狗闪、兔滚、鹰翻"等说法。这都是启发习武者平时多注意观察和模仿自然界动物的本能动作，并运用到推手和实战当中。

推手不等于实战。

推手不是实战，但推手是从盘拳架过渡到实战的一座很好的桥梁。武术不是培养模特，练太极拳一定要练攻防，要有攻防意识。有人说"搭手"，拼命时谁还搭手？拼的是力量、速度、技巧、方向几个要素。暗劲儿、明劲儿、化劲儿、神明等名词都是文字游戏，站着是赢的，趴下是输的，站着的是正宗，趴下是败将。真正的推手就没有规则，推手比赛有规则就有限制，有限制就不合理。实际上武术是不能比赛的，一刀切的规则是不合理的。规则以内的东西一定要懂，规则以外的东西绝对要懂。真正的实战当中，往往是"出手两不知"。即倒地之人不知因何落败，摔人之人也不知因何取胜，一切纯任自然，临机而发，不假思索，不可重复。打重容易打轻难，打人容易空人难。

抻筋与实战。

根据自己的情况，循序渐进，根据实战的要求，要有爆发力，"只压不踹，出脚不快"，抻筋必须和实战结合起来。

女子防身术。

当被对方从背后拦腰抱住时：

①用拳打对方头，声东击西，左惊右取。

②用头向后撞对方鼻子，同样声东击西，左惊右取，头总是比鼻子硬的。

③震脚，踩对方的脚，抬脚时向正上方抬起，不可后勾，否则碰到对方迎面骨，会使对方察觉而有备。脚面碎骨较多，被踩较易受伤。

④搓手指，从而打开抱紧的双手。

⑤抠小指，从薄弱处突破，打开对方双手。

⑥掐无名指和中指俩指关节中间的凹处，此处最疼。

⑦两腿微屈，随后臀靠。靠有迎门靠、肩靠、背靠、胸靠、胯靠、臀靠等。

正面对敌时：

①近距离正面对敌，用头撞对方鼻子或胸口。

②远距离正面对敌，不可用头撞，否则属于自投罗网。转身腿向后勾，勾对方裆部，顺着两腿中间勾去，即使不太准，也能击中要害。

要重视实战，但不能只知打打杀杀。

说太极拳不能实战固然是奇谈怪论，但总处于打打杀杀的层面也是不成熟的表现。只想学会些踢打摔拿的招法是无法进步升华的。因此我们不能只热衷于学些打架用招，须知"拳打脚踢下乘拳"，拳若到达上乘境界，实战就不是评论功夫的唯一标准了。肤浅的打打杀杀属于小玩闹，要好好自修太极拳的文化底蕴。

拳法篇

北京陈式太极拳一路83式拳谱

（老架、大架）

第一式　起势（文象始）

第二式　金刚捣碓（1）

第三式　懒扎衣（1）

第四式　六封四闭（1）

第五式　单鞭（1）

第六式　金刚捣碓（2）

第七式　白鹤亮翅（1）

第八式　斜行拗步（1）

第九式　初收

第十式　前堂拗步（1）

第十一式　斜行拗步（2）

第十二式　再收

第十三式　前堂拗步（2）

第十四式　掩手肱捶（1）

第十五式　金刚捣碓（3）

第十六式　披身捶（庇身捶）

第十七式　背折靠

第十八式　青龙出水

第十九式　双推手

第二十式　三换掌（1）

第二十一式　肘底捶

第二十二式　倒卷肱（1）

第二十三式　退步压肘（1）

第二十四式　中盘（1）

第二十五式　白鹤亮翅（2）

第二十六式　斜行拗步（3）

第二十七式　闪通背（1）

第二十八式　掩手肱捶（2）

第二十九式　六封四闭（2）

第三十式　单鞭（2）

第三十一式　云手（1）

第三十二式　高探马（1）

第三十三式　右擦脚

第三十四式　左擦脚

第三十五式　左蹬一跟

第三十六式　前堂拗步（3）

第三十七式　击地捶

第三十八式　翻身二起脚

北京陈式太极拳一路83式精解①

（老架、大架）

第一式　起势

【动作分解】

1. 面南而立，立身中正。

2. 双脚与肩基本同宽，脚尖微外撇，双膝微屈，双臂垂放于身体两侧。

3. 含胸敛臀，虚领顶劲。

4. 二目平视，面部表情似笑非笑，周身松合自然。（图1）

图1

【要领·技击含义】

1. 起势是所有动作开始前形、神两方面的准备，须有形神兼备、内外一如之气象，也要蕴含一种"势"在其中。诚于中，必形于外。心境调整到一定状态，则形将自正，所谓内固精神，外示安逸。

2. 陈拳老架的起势中没有双脚从并拢到打开这一动作，开始便是开立与肩同宽，以利于直接行拳或进入模拟战斗状态。

3. 双脚脚尖微外撇，不可过分外撇形成外八字，当然更不可内扣和平行，这样均可导致膝盖和腿部不正常的紧张状态。

4. 双膝微屈，是为曲蓄而有余，便于进行各种身法、步法的转换。在整个套路演练中，均须做到高不直腿、低不荡裆（裆与双腿成M形）。

---

① 本路大部分示范拳照拍摄于2002年，少量补充拍摄于2021年。

5. 含胸，指的是劲含、意含，而非形含。两肩向后用力，挺直以后稍一放松即可。凹胸驼背和刻意挺胸均非正确。

6. 过分敛臀即为溜臀，向外凸臀为泛臀，敛臀应既不泛臀，也不溜臀。

7. 虚领顶劲，指的是下颌微收，以头顶心部（百会穴）引领，为虚虚向上顶起。

8. 双臂松垂时，手型为瓦楞掌。即拇指微扣，其余四指并拢伸直以后稍一放松，四指微分，五指松松拢住即可。整个套路中掌型均如此。

9. 二目平视，不可左顾右盼或神光落地。眼睛为心灵的窗户，是内在质量的外在表现，也是是否真正懂得动作含义的体现。百拳之法，以眼为纲。行拳中须注意眼神的运用。

10. 精神放松，是肢体放松的前提和基础。面部似笑非笑，可有效引领形神达到相对放松的状态。行拳之中，有各种似展非展、似指非指、似停非停的状态，乍闻之下好像不可捉摸，然其妙处正在"似"与"非"之间。

第二式 金刚捣碓（1）

【动作分解】

1. 两腕轻轻掤起，双手先左后右、自下向上螺旋而起，形似立体的蜗牛壳螺纹。至身体右前方45°，高不过肩，两手之间距离约为成年男子一前臂长。重心左移，以左脚脚掌、右脚跟为轴，身体向右转45°，转体过程中双臂与身体相对位置保持基本不变，不可架肘，身体面向西南。（图2）

图2

2. 重心逐渐移至右腿，左腿提膝盘腿至体前，随即以足跟内侧向左前方（东南）落于要达目的地2/3处，剩余1/3以足跟贴地铲出，重心比例右七左三。同时，双手有后撑之意，而无后撑之形，劲达左肩。（图3）

3. 身微左转，左脚掌逐渐落实，重心前移，比例过渡到左六右四。同时左手走下弧，似摸一大锅底状，由下向前抬至胸前，掌心向前。两臂曲蓄有余，高不过肩。（图4）

图3

图4

4. 右脚蹬地，向前趟步而上，重心前移至左脚，成右虚步。双掌双顺缠，左掌向前螺旋滚动延伸，如枪膛里的来复线，不可过早回收。继而右掌走下弧，随右腿撩至体前，掌心向前上，高不过脐。同时左掌回收，以四指搭于右手前臂上方。身体面向正南。（图5）

5. 右掌握拳，腕下似有一条线，与右膝同时提起。拳高不过肩，拳心向己，不可过分回收、不可架肘。同时左掌顺缠，下落至腹前，掌心向上。（图6）

图5

6. 右腿向右横开胯震脚，震脚后重心仍在左腿，右脚是技击脚，还可随时弹起。震脚同时，右拳面与左掌心合击于腹前。（图7）

图6 图7

【要领·技击含义】

1. 双臂螺旋而起时，须以身带动。同时双脚各分前后，前后又各分两侧，重心也在脚下走螺旋，自己知道即可。

2. 双手距离为一般成年男子一前臂长，即从腕（手）至肘的长度。若对方右拳来袭，则可顺势捋带引化对方来手，并含有一手控腕、一手控肘的擒拿之意，因此不可随意变宽变窄。"捋"为八门劲别（掤捋挤按采挒肘靠）之一。

3. 行拳中凡需转体时，均应以一侧脚掌内侧为轴、足跟外碾，另一侧足跟内侧为轴、脚掌外碾来转动，切不可只动上身而脚不动，这样容易扭伤膝盖。其动作与军人立正后向左向右转一般无二，这是由人体骨骼折叠规律决定的。转体时以身为轴，是为了使自己形成一个旋转的整体，而将对方来力边缘化。

4. 向右转体时，右脚掌内侧须与地面摩擦接触，如果在土地上习练，可略见擦痕。如此可用之捋带对方之足，因此不可高抬。捋有脚捋、腿捋、身捋、臂捋，最后还有神捋，即引动对方之注意力，从而乘虚捣隙。

5. 45° 是拳术中的黄金角度，是各种转折变换的枢机关键，应无过无不及。不及，则不可进行有效防守；太过，则招已使老，易为对方所乘。

6. 欲求松肩，必先坠肘，肘坠肩自松。架肘必耸肩，耸肩，立身就不正。

7. 提膝盘腿，须以膝盖领动，而非以脚领。向里合于体前，意在护裆。要求为：大腿平、小腿直，脚腕放松，脚不背不勾。以后所有涉及提膝的动作均须如此。

8. 凡由双腿变为单腿站立时，不可垫脚，重心不可冒高。支撑腿须保持曲蓄有余，胯部向外略有凸意，即可帮助稳立如有根，不致摇摆不定。

9. 足跟贴地铲出，是为了进身或插裆，同时形成八门劲别中的"靠"。拳谚有云：手是两扇门，全凭脚欺人。又云：脚踏中门敌胆寒。即抢占对方的中心与重心。此时支点在右脚，而落点在左肩。支点和落点，不可位于同一垂直线上，否则极易因失去重心而落败。

10. 右脚蹬地后上步时，不可提腿迈步，而应走趟步，即脚掌始终与地面虚虚接触，可用以在对方之足似落非落时，进行趟带，令对方形成被动劈叉。

11. 左手向前螺旋滚动延伸，是为将劲送达对方体内，如隧洞挖掘盾构机一般。

12. 左手在前，可用作虚晃对方面门，右手自下前撩为上步撩阴掌，此为上惊下取。

13. 凡成虚步时，前脚脚跟须与地面虚虚接触，不可完全抬起成点脚状，否则影响腿部自然运动，进而影响周身转换灵活与协调，无论美观性、健身性和实战技击性都不具备。虚（脚）不是虚空、不是虚无，实（脚）不是傻实、不是呆实，只是双脚承受身体重心的比例不同而已。虚而灵、实而稳，虚实相生。

14. 右拳与右膝同时提起，为上打咽喉下打阴，因此右拳不宜过分回收，应直奔对方哽嗓咽喉与面门。右拳不可先下沉再提起，应直接提起。

15. 若敌自身后将我抱住，可通过震脚踩击其脚面，向后勾腿会碰触对方小腿而令其警觉，因此应直击下落。此时右脚的功能为技击脚，重心也不应放于其上。这种情况还可使用臀靠，以击打对方裆腹部。靠有臀靠、胯靠、背靠、背折靠、肩靠、胸靠。

16. 在拳走架中，震脚是为了引全身之气下行，为松沉劲，须给地面以渗透力，而非捶胸顿足的跺脚与抖掉鞋上浮土的拍脚。震脚力度的轻重，可根据习练者年龄与身体状况而定。更应注意地面软硬程度：水泥、砖石地面可轻震或不震，意到即可；土地或有地板、地毯、橡胶、塑胶铺装的地面，可适当增加力度。

17. 震脚前，要震而不急于震，动中有静。

18. 震脚时，拳掌合击于体前，应形成周身一家的整劲、合劲。

19. 震脚后，重心依然在左脚、不可右移，并且不要冒高长个儿，也不要刻意下蹲。

20. 顺逆缠丝是陈式太极拳中一项富有特色的说法，具体含义为：当看手掌时为顺缠，看手背时为逆缠。不必被各种文字描述搞晕。

【释名】

碓（duì），为古代舂米所用，以石制成，据传六祖惠能到五祖弘忍处求法，未得亲自传授前，就被安排在厨房踏碓舂米，做了八个月的杂役。因其下落咚咚有声，劲力松透匀整，故用来形容此式最后的震脚合击，也可因此得知所震之脚应落地后还能弹起。金刚为佛教寺庙常见护法尊神，金刚怒目，群邪退避，是期望行拳能有如此威势。

【歌诀】

总纲

起势走螺旋，
力从足底发。
节节要贯串，
周身是一家。

第三式　懒扎衣（1）

【动作分解】

1. 重心右移，身微左转。左掌托右拳向左前划弧至左肩前，高不过肩。（图8）

2. 右拳变掌，两臂双逆缠相互滚动，右手盖在左肘上。然后重心左移，双臂采取开胸合背的方式，分向右上、左下划弧展开。（图9）

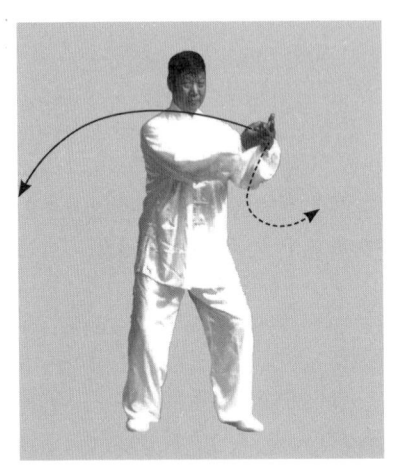

图8

图9

3. 重心移至左脚，略提右腕坐左腕，随即右脚足跟内侧向右贴地铲出，劲达右肩，形成侧靠。同时左掌提至脸右侧下方，掌心向右，意在护脸；右手向下按落于右大腿内侧，掌心向下，意在护裆。呈上合下开之势，眼似看非看于右方。（图10）

4. 身微左转，右脚略有扣意，随后重心逐渐右移，右脚掌落实。同时身体带动右手先顺后逆缠，向左、向前、再向右划弧至身体右侧；左手顺缠下落至腹前，手心向上。最后两臂双顺缠走合劲，两腿成弓马步，重心比例右六左四。重心略下煞，身体转向正南。目视前方，眼睛余光扫视、意识、照顾到右手食指，意在劳宫穴。（图11）

图10

图11

【要领·技击含义】

1. 所谓拳者，开合而已；若欲言拳，开合尽之。开、合两字，可高度概括拳理。开合即是阴阳，阴阳即为太极。然须开中寓合、合中寓开。开中寓合，是阳中之阴；合中寓开，是阴中之阳。打开双臂，并非只是手臂的运动，而应以开胸合背的方式，将之展开。开时应有黏稠、胶着、恋恋不舍之感。

2. 右手从右侧提腕，到下落于右大腿内侧，可利用陈式太极拳之松活弹抖的特点，将对方擒拿我右臂之手瞬间抖脱，并继之以肘击或靠击。

3. 若对方左手搭我右肩，我肩后展化去对方之劲。然后右臂顺时针自下向上向右划弧，缠绕其手臂，如蟒蛇缠绕猎物，并螺旋延伸，则可擒拿对方。

4. 两人推手纠缠中，对方左腿在我右腿内侧，则我可以右臂顺缠延伸，劲向后，作用在对方胸腹之间，右腿略向前崩，劲向前，则可令对方后跌。定势成弓马步，须特别注意：前腿弓，膝盖不超过踝骨垂直线；后腿绷（bēng），不是绷（běng），要让它曲蓄有余而富有弹性。以后所有类似步型均须如此。

5. 最后的双顺缠，是为达松肩坠肘之目的，并有无限延伸之感觉。这是一种抻筋拔骨，将身肢放长，从而产生内在弹性劲的方法。右掌须顺掌，以令劲力畅达，不可坐腕立掌，否则劲路受阻。走合劲，须肩与胯合、肘与膝合、手与足合。

6. 重心下煞，是煞劲不煞形，不必刻意下坐。

【释名】

"懒扎衣"一式，古代还曾有"懒搭衣"或"懒擦衣"的叫法，其源头为明清时期，武人在动手较量前，须将长袍前襟以左手撩起，系扎于腰带之中，右手则为请手式。"懒"，既是一种俗语所说"上场如病猫""扮猪吃老虎"、以表面的松懈来麻痹敌人的策略，也是一种源于实力的自信，一种在战略上藐视对方的心态。

第四式　六封四闭（1）

【动作分解】

1. 身微左转，重心微左移，右手下捋。当右前臂内侧一旦与左手中指相衔接，双臂合抱，右臂在外，左臂在内，双掌心向内，变为挤，重心右移，同时以身为轴横转至右前方45°。注意双臂不超过膝盖，膝盖不超过踝骨垂直线。（图12）

2. 双手双顺缠打开，掌心向上，然后右掌逆缠翻向下，双掌心斜相对。身微左转，重心微左移，双掌捋至两腿之间。捋中要含有按劲，肘不贴肋，手不贴胸。身体继续左转，双手外翻，继而向左上划弧，左手提腕，右手反提腕。（图13）

图12

图13

3. 双手继续向左后运动，分置于两耳侧。随即左足蹬地，向右并步，重心移至右脚，成横开步，左脚足跟与地面虚虚接触。同时以腰身带手，双手经体前向右前下方按落，意在掌心劳宫穴。两手距离约半尺，通过两手虎口之间可看到右膝盖。手脚同时到位，控制重心，不可突然、明显升高。（图14）

图14

【要领·技击含义】

1. 此式劲路运行开始时为挒挤相通，挤要横转，以身为轴，用腰的转动带动两臂，始终含有掤劲和整劲。挤时双臂合抱，如抱婴儿，太松孩子会掉下去，太紧会把孩子弄哭了，总须松紧合度。

2. 挒前要轻，防止己方意图被对方察觉，一旦将对方挒入己方势力范围，则可转变角度与方向，向上向外提腕托肘进行擒拿，以防止对方变招进身。挒在掌中，挒也在尺中，可以用前臂尺骨管控挒带对方。

3. 双掌下按，类似京剧中老生捋胡子，但在过程中须注意，开始时食指相近而拇指相远，结束后则距离一样，即进行了螺旋运动。按在腰攻，须以腰作为支撑，形成一个整劲，如同给自行车打气。

4. 手到脚到身也到，打人如玩笑；手到脚不到，出手也无效。手脚须同时到位，不可身先到，而手后按落。

5. 向右并步时，须注意"起势不起身"。

【释名】

守中用中，是说人体中线的重要性，为武学常识。而除去中线，人体还分左右两线，左右又分别有上、中、下三路。所谓"六封"，即在守护中线以外，还须防守左右线之上中下，合计为六路。"四闭"，为上下左右闭合四门。

【歌诀】

　　　　　　　腹内似海形如潮，

　　　　　　　转换折叠在于腰。（懒扎衣）

　　　　　　　进退起伏身要稳，

　　　　　　　上下贯串行指梢。（六封四闭）

第五式　单鞭（1）

【动作分解】

1. 以身为轴，微向右转，带动左掌前探，似有塌掌之意，右掌回收。继而微左转，身体转正，带动左掌顺缠回收，右掌变勾，从左手掌心穿出至右前方，提腕坠肘，高不过肩。（图15）

2. 左腿提膝盘腿里合，随即以足跟内侧落地，向左侧（东）贴地铲出，劲达左肩，形成侧靠。重心左移，以身为轴，微向左转，带动臂部，向左后侧肘击。（图16）

图15

图16

3. 身向右转，重心右移，左掌回按至腹前，然后顺缠上提至右勾手旁。（图17）

68

4. 身向左转，重心左移，以身为轴，带动双臂双逆缠打开，最后将身体转正，双顺缠合于体前。左手须顺掌，不可坐腕立掌，右手与胸前夹角略小于左手。劲力经脊背贯串于两臂，有无限延伸之感觉。目视前方，眼睛余光扫视、意识、照顾到左手食指，意在劳宫穴。两腿成弓马步，重心比例左六右四，与懒扎衣相对称。（图18）

图17

图18

【要领·技击含义】

1. 重心在双腿之间转换移动时，须以身为轴，换而不觉其变。切不可像一把脱了榫的坏椅子或一个移动标靶一样，出现明显的左右摇摆及晃动。以身为轴，是为将对方作用在我身上之力边缘化，使其从主动运动惯性变为被动运动惯性，从而失机失势。如果左右横移，则无异于增加对方击打命中的概率。另外须多加注意，双脚要随时随身体转动而碾动，切不可只上身动而脚不动，否则若长此以往，最容易出现运动损伤，导致膝盖疼痛。

2. 若敌以右手抓我右腕，我左掌前探，管控其手防其逃跑，右臂顺缠翻转，以身送腕向前按压其四指，同时左手回带，则可形成反擒拿。

3. 右手作勾，并非单摆浮搁的摆设，而是将带对方来手后，习住对方之腕进行擒拿，须有里合之意方才得力，所以手不可离身体过远，并且与胸前夹角不宜过大。

4. 右手拿住对方后，还可以用身体抵住对方之肘进一步反关节，或左肘击其软肋，再或左手上打咽喉下打阴。

5. 此式与懒扎衣基本呈左右对称之势，两式最后的双顺缠，均是以螺旋自转的方式，让身肢尽量伸展放长，以达到对拉拔长、抻筋拔骨之目的，从而锻炼出富有韧性、弹性的松活弹抖劲力。

【释名】

古代大将马上征战，在长兵器之外，常携带一种短兵利器，以作副武器使用。遇对方以长兵器袭来时，可一手以兵器阻挡甚或空手抓握对方兵器，同时另一手抽出短兵器抢击过去，则对方或将兵器撒手，或被击中受伤——传说隋朝末年尉迟恭曾"单鞭夺槊"。此处的"鞭"，并非皮鞭、马鞭之软鞭，而是与铜类似，以铜或铁铸成的分量较重的短兵器。此式从马上演化到步下拳法之后，便形成了一手勾手擒拿，另一手进击的形态。

第六式 金刚捣碓（2）

【动作分解】

1. 右手勾变掌，双掌坐腕放松下落，至左膝盖上方。（图19）

2. 以身带双掌，继续向左、向上、向右划弧，经体前至身体右侧。（图20）

图19   图20

3. 身体左转，重心左移，两手分道扬镳，左手走下弧，至身体左侧。（图21）

4. 以右脚脚掌、左脚脚跟为轴，继续左转，身体面向正东。重复第二式"金刚捣碓"之第4、5、6分动作。（图22～图24）

图21

图22

图23

图24

第七式　白鹤亮翅（1）

【动作分解】

1. 接上式，与第三式"懒扎衣"之第1、2分动作基本相同，唯落足方向不同。第三式为向正右侧（西），此式为向右前方（东南）。（图25～图27附）

图25

图26

图27

图27附

2. 右掌向左后方顺缠划弧，上提至左肩前。（图28、图28附）

3. 左脚蹬地，重心右移，身体右转，以身带手，以手带足，上步成横开步。右臂逆缠，以肩、肘、臂顺序向右上、右后方掤出，手心向外，高不过眼。左掌逆缠向左下采按，至于左胯旁。两腿重心比例右七左三。身体面向正东。（图29、图29附）

图28

图28附

图29

图29附

【要领·技击含义】

1. 此式上合下开时，形成"迎门靠"，又名"劈山靠"。若对方持己右臂，则顺势以右腿插对方裆，以肩靠之，左掌也可击对方胸部。

2. 如靠未果，则可接着以右肘攻击对方肋部，"肘打软肋"，进而以右手击其头面。

3. 左手可持带采按对方右臂，右手插闪至对方右腋下，左手向其后上方托举，右臂逆缠向己右后方拨带，在定势状态后继续向右旋转，则可将人向身后摔出。

4. 以心领势，方为拳；以式演拳，仅为形也。行拳要有一览众山小的大无畏气势。湛蓝的天空，仰之则弥高；蔚蓝的大海，俯之则弥深——以我视之，俯仰之间尔。以此式论之，即最后定势时，要大有支撑天地之感觉。

5. 单看定势都很美，但最重要的是过势，应用都在过势中。

【释名】

鹤，为古人心目中高洁而有灵性的飞禽，鹤立鸡群，不与凡俗同列。鹤在传说中多为仙人坐骑，故又称"仙鹤"。亮翅，也有写作"晾翅"，均为展开羽翼之意。此式名称在较早时期曾作"白鹅亮（晾）翅"，比较有乡土气息，切合生活氛围。经后人修饰升华，乃改为读音相近的"白鹤"，此种现象并不少见，如本路后面的"铺地鸡"改为"雀地龙"，二路之"倒骑驴"改为"倒骑麟"等。这种招式的命名方式，属于借拟自然界生物的形态，在本路拳中相类似的还有"青龙出水""金鸡独立""白猿献果"，二路中有"白蛇吐信"，剑法中有"灵猫扑鼠""黄蜂出洞"，刀法中有"黑虎搜山"等。

第八式　斜行拗步（1）

【动作分解】

1. 身微左转，略提右腕、坐左腕，继而左手提腕，右手经体前划弧坐腕下落，至于右胯旁。双手提腕时均高不过眼。（图30）

2. 左掌坐腕立于体前，同时左腿提膝，右臂向右侧上举，掌心向右（南），略有外撑之意。（图31）

图30

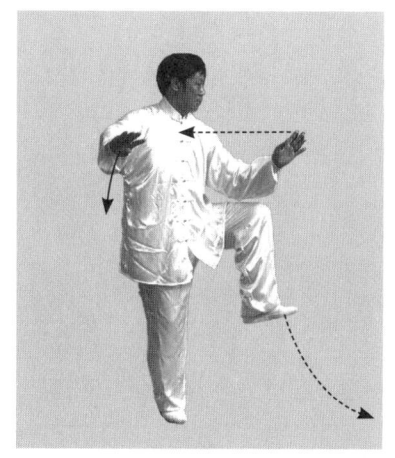

图31

3. 左脚足跟走下弧，向左前方45°（东北）落地，然后贴地铲出，略同于第二式"金刚捣碓"之第3分动作。（图32）

4. 以身为轴，带动双掌向左平转，至左膝盖上方时，左手作勾，右手靠近左腕，掌心斜向左上。（图33）

图32

图33

5. 右掌逆缠向右打开，然后双顺缠合于体前。重心比例左六右四，身体面向正东。（图34、图34附）

图34   图34附

【要领·技击含义】

1. 初始动作之左右交互提腕，并非只是腕动，而是周身一动无有不动，由根节催动梢节，如巨蟒出洞。

2. 坐腕、提膝、平举，三动作应同时完成。虽单脚支撑，但应稳凝如山，右胯略有凸意。右臂为衬劲，其作用是保持身体平衡，有如走钢丝手持之长杆，亦如喜鹊落地时长尾之一翘。

3. 左足向左前方落下之后的若干动作，均应保持立身中正，不可前俯后仰。拳谚云：低头猫腰，传授不高。

4. 对方来右手，我以左手向左捋带，如时机合适，则行刁腕擒拿，同时左脚上步，以右掌击其头面或胸部。

【释名】

斜行，指的是行进方向为左斜前方。拗步，指的是以一侧腿为主腿，而以另一侧手为主手的情况。此式中是以左腿为主腿，而以右手为主手，故最后劲力应输送到右手，方为结束。后面的"前堂拗步"，则正好相反。日常生活中，人类正常的自然行走，均为拗步。

第九式　初收

【动作分解】

1. 身体微左转，带动双臂略下沉蓄劲，随即向右螺旋而起，两臂双顺缠，似轻轻捧起，左前右后，收至与胃基本平齐，掌心向上。（图35）

2. 两臂双逆缠，掌心向下按落。同时左腿提膝，手与腿形成合劲。左手至于左膝盖前上方，右手至于左大腿内侧。（图36）

图35

图36

【要领·技击含义】

1. 先向左一蓄，再向右螺旋而起，这一过程中应注意高度不变（起势不起身）、速度不变、劲路不断，但劲别有变，即所谓"换劲"。

2. 双手一合，将带对方来手，使对方有向前扑跌之势，同时提膝，打一个迎劲。追劲不如等劲，等劲不如迎劲。比如两辆同向行驶的小轿车，前车时速70公里，后车时速80公里，造成的追尾事故不会太严重，而若两车同以时速40公里迎头撞击，则会造成较为严重的事故。

第十式　前堂拗步（1）

【动作分解】

1. 左脚足跟走下弧，向左前方45°（东北）落地，同时双掌向右下后方捋带。（图37）

2. 以左脚掌、右脚跟为轴碾动，重心逐渐左移，右手搭左手内脉，左逆右顺缠，右掌心向自己，呈手背相合挤出。（图38、图38附）

图37

图38

图38附

3. 转腰、丢胯、进肘、上步，右脚踏落于正前方（东）。两臂双逆缠，向上向外划弧打开，掌心向外。两臂饱满圆撑，最后双顺缠合于体前，劲力输送至左掌，面向东北。（图39、图39附）

图39

图39附

【要领·技击含义】

1. 对方右手袭来，我以左臂逆缠从内侧迎接，同时右肘及前臂管控住对方上身，右手勾其右侧颈项，随即右脚上步踏敌中门，以身为轴，左手向我左前方推送，右手向右后方勾带，使对方不由自主旋转前跌。

2. 最后一动，右足踏上，须足跟先落，双臂打开到位的同时，脚掌方才落实，手脚同时到位。

【释名】

前堂，即四合院之正屋，非东西两侧的厢房。此式最后右脚踏于正东方，用此比喻依然说明的是步法行进方向。拗步，见前"斜行拗步"解释。此式是以右腿为主腿，左手为主手，故劲力输送到左手，方为结束。

第十一式　斜行拗步（2）

（动作与第八式"斜行拗步"相同。）

第十二式　再收

（动作与第九式"初收"相同。）

第十三式　前堂拗步（2）

（动作与第十式"前堂拗步"相同。）

第十四式　掩手肱捶（1）

【动作分解】

1. 右脚蹬地，身微向后撤，重心移至左脚，成右虚步。同时右手顺缠抓握成拳，略回带后向前撑送。左手略顺缠后，逆缠向左外侧撑出，形成衬劲。（图40、图40附）

图40

图40附

2. 身体微向左转，左掌下落于左胯旁，右拳顺缠，拳心向己，周身相合。随后以左脚掌为轴，身向右转，右腿提膝。同时右拳经体前，逆缠向前下方螺旋钻出，并以身带手将左手掩至右拳上方。身体面向东南。（图41）

3. 右脚震脚于左脚旁，左脚向正东疾出，足跟落地，此时重心在右腿。重心左移，同时两臂双逆缠下沉，并向身体两侧打开，继而向前上双顺缠，最后合于体前。左手成"八字掌"，如握酒杯。右手松松拢住，放于右侧腰间。眼看即将出拳方向。（图42）

4. 右脚蹬地发力，同时脚下以右脚掌、左脚跟为轴碾动。左肘后拉，左手收回左侧腰间，右拳逆缠向东南击发。（图43、图43附）

图41

图42

图43

图43附

【要领·技击含义】

1. 敌右手袭来，我右手自其外侧略掤带对方来手，然后抓握住对方腕部，随即顺缠拧转对方手臂，从而我顺人背，使对方被拿。向前送出，是为了防范对方被拿后上步进肘反击我前心。

2. 转体同时右拳向前下方钻出，不可回带到腰间，其用意与前相同，均是为了防范对方被拿后以肘反击。

3. 震右脚和出左脚，要震而不急于震，似停非停，动中有静。一旦震，则好似把左脚催出去一般。动静缓急之间，应有一种节奏感，节奏本身也属于技术范畴。

4. 在右拳击发前，有一个先蓄后发的准备动作，此时周身均不应过早进入紧张状态，否则将影响发劲的速度、力度，从而影响整体质量。故左前手不可将拇指、食指伸直作形似手枪状，而右后手也不应过早将拳握紧，双手均松松拢住即可。

5. 右拳击发时，前拳为主，后肘为宾。虽有宾主之分，但应形成对拉劲，各占一半，不可将所有精力和注意力都集中在右拳，导致左肘拉不上劲，从而令劲力不整。前拳、后肘以及（右）胯打劲，应做到三劲合一。

6. 出拳高度大致与自己胃部相当，不可上挑（劲力上浮）或下抑（为指裆捶）。臂部不可过直，否则易伤肘，应打完以后还有前伸余量，也即曲蓄而有余。拳心自然斜向下，不可平拳或立拳。

7. 出拳方向应与左腿方向呈平行之势，而不可互相垂直形成十字交叉，否则上下各自为政，不能形成劲力的节节贯串与逐节递增，故拳最后应偏向东南。

8. 出拳发劲的同时，双脚应随拳势而微有碾动，切不可一丝不动，否则易伤膝盖。

9. 此式为陈式太极拳典型发劲动作，卷放蓄发的转换非常明显，将其刚柔相济、快慢相间、螺旋缠绕、松活弹抖的特点发挥得淋漓尽致，故而要做到周身如一张韧性十足的弓，蓄劲如张弓，发劲似放箭，落点如着靶。可以先蓄后发，也可蓄而不发、含而不露。

10. 动贵短、劲贵长、意贵远。发劲的动作和过程要短，但劲力的渗透性很强，意识意念要穿透对方至其身后，甚至到无限远之处。

11. 松活弹抖，不等于颤抖和乱抖。分情况讨论：

①若击打对方前抖动，会导致着力点的不确定，易窝折自己手腕；

②若击中对方时，则无法抖动；

③若击打后抖动，则毫无意义。

所以切不可故意、随意抖动。抖是抖击，是抖对方，不是抖自己。

12. 击发时以及之后，劲势应略向下煞，但须注意，是"煞劲不煞形"。

【释名】

掩手，即掩盖和隐蔽自己将出之手。肱，即肱骨，出拳时以肱骨送出。捶，即拳。也有写作"掩手红拳"，并非说一拳过去对方必出血见红，而是一种以方言读音相同或相近的常用字来代替不常用字的写法，其实是一种"别字"。如同北京延庆地区居民，常将"烧饼"写作"勺饼"，却与"勺子"没有一点关系，是一样的道理。不可望文生义，致生曲解。

【歌诀】

一撑、二松、三转、四震、五开、六击发。

右脚蹬，左脚撑，劲往上涌，通过腰的转换把劲送。

第十五式　金刚捣碓（3）

【动作分解】

1. 放松，右拳变掌，重心右移。右手提腕、左手坐腕，以开胸合背方式分向右上、左下方划弧打开。（图44）

图44

2.继续运动，重心左移，以开背合胸方式将两手交叉合于胸前，右手在外左手在内。（图45）

3.深吸一口气，随呼气两手分向右上、左下拉开，运劲如抽丝，左掌按落于左膝内侧，右掌心斜向外，高不过肩。同时身体松沉下塌，成马步，重心略偏右。（图46）

图45

图46

4.松垂两臂，身略向左蓄，左臂落于左大腿外侧，右臂落于内侧。（图47）扣左脚，重心左移，右臂向左、向上、向右顺时针划大圆弧。（图48）继续运动，右臂将右脚带回，收右脚成右虚步，右掌向前下方撩出。左臂向上、向右划弧，左手四指搭于右手前臂内侧。（图49）

5.重复第二式"金刚捣碓"之第5、6分动作（图50）。

图47

图48

图49

图50

【要领·技击含义】

1. 双臂开合应注意开胸合背与开背合胸，而不仅是两臂单独运动。

2. 呼气、双臂打开与塌架子应同时进行，一气呵成。若对方擒拿我右臂，我可进肘挂击，利用周身松沉劲，将自己身体的大部分重量放于对方单臂之上，令其难以承受，从而变被动为主动。

3. 此式第3动在一路拳中仅为过势，在二路拳中独立出来，名为"风扫梅花"。

【歌诀】

拳断势不断，
势断意相连，
意断还有神相接，
是缠绕连绵。

第十六式　披身捶（庇身捶）

【动作分解】

1. 右拳变掌，随右脚扑步同时向右打开，劲如抽丝。两手继续以腕外领，开胸合背，分向左右拉开，手心向内，高不过肩。（图51）

2. 两手以开背合胸方式交叉合于体前，右手在内、左手在外，重心略下煞，成马步十字手。（图52）

图51

图52

3. 身微向右转，双臂双逆缠，双手握拳，转双顺缠，走松沉劲。左拳下落于腹前，拳心朝上，右拳位于身体右前方45°，拳心向己，距离身体30厘米左右。（图53、图54）

图53   图54

4. 蹬左脚，以身为轴向左转体，双拳与身体相对位置基本不变，至左前方45°，面向东南。（图55）

图55

5. 蹬右脚，以身为轴向右转体，换左拳在上右拳在下，双拳与身体相对位置基本不变，至右前方45°，面向西南。（图56、图57）

6. 继续运动，换右拳在上左拳在下，将身体向左转正，回到中线，面向正南。（图58）

图56

图57

图58

【要领·技击含义】

1. 十字手须周身劲力松沉匀整。

2. 在前之拳无论左右，与身体距离应适当，在30厘米左右，即成年
   男子手至肘的长度，不宜过远或过近。此为防守拦截对方来手，
   过远回防不及，过近易误伤自己。具体距离可视习练者身高、臂
   长微作调整，总须像开放得恰到好处的莲花瓣，既非含苞待放，
   也非怒放。

3. 敌右手袭来，我蹬左脚向左闪身，同时以右臂顺缠而出拦截，随即左手按压持带对方之臂防其反击，同时右臂逆缠而上，击对方右侧面部或脖颈。反向亦然。

4. 闪，非一味闪躲、闪避，而是闪进、闪击、闪战，应做到闪、拦、击三位一体，几乎同时进行，方可体现攻防一体、化打结合之武学原理。

【释名】

披身，是形容此式犹如为身体披上一层甲胄，可起到很好的防护作用。也有写成"庇身"，是说可以庇护身体，含义基本相同，均指此式左右臂轮番于体前运行，可有效防护胸部与头面部。

第十七式　背折靠

【动作分解】

1. 蹬左脚，身体微向右转，重心右移，双拳双逆缠。

2. 提右拳置于右太阳穴一拳之隔，拳眼朝太阳穴；左拳置于左腰间，拳眼朝身体。

3. 眼看左脚前30厘米左右。（图59）

图59

【要领·技击含义】

1. 此式以左脚为支点，落点在背部右侧肩胛骨，故不可耸肩架肘，应提腕坠肘松肩。此式因没有过多动作，亦被忽略，或不得要领。须不断优化中间环节，求取最佳值。

2. 若敌方拿我右手向外拧，我则可顺势转体进身，以右肩胛骨凸出部位靠击对方胸部。

3. 远拳近肘贴身靠，不贴不靠，贴而靠之，乃是不得已而顺势成招。

4. 背折靠，不是背折拱，不可拱背猫腰。背折靠，也不是背折肘，不可右肘高悬。

【释名】

背，说明的是发劲部位，在背部右肩胛骨处。折，说的是胸背折叠，开背合胸，而使肩胛骨凸出。靠，说的是劲别。

【歌诀】

> 左脚蹬、右脚撑，
>
> 头要正、肩要平，
>
> 含胸敛臀、松肩坠肘手提腕，
>
> 两肩前合后背绷。

第十八式　青龙出水

【动作分解】

1. 左拳先提至右肩前，双拳双顺缠向下挂，至腹前向外翻转磕打，右拳至于右大腿外上侧，左拳至于胸前，两拳心遥遥相对。腰身略向下煞，成马步，重心略偏右。（图60、图61）

图60

图61

2. 双拳变掌，合于身体右前方，左掌在前、右掌在后，掌心斜相对。（图62）随后右掌顺缠向后、逆缠向右、再顺缠向左划弧，绕至左肩前，身微左转。（图63）身向右转，将左手向右送出反撩，右手松松拢住，落于右侧腰间。（图64）

3. 左肘回拉后击，右前臂外侧向右击发，对拉成劲，成马步。（图65）

图62

图63

图64

图65

【要领·技击含义】

1. 第1动为挂打结合，双臂挂对方来手，使其从主动运动惯性变为被动运动惯性，有向前扑跌之势，然后出拳，打一个迎劲。

2. 缠绕与反撩动作，均须以身带手。

3. 最后的击发，要领大致与前掩手肱捶相同，唯方向与右臂发劲部位不同。周身一抖，好似爆米花一样，从中心向四面八方爆炸，走的是冷脆劲、惊炸劲。不可只注重在右臂或右拳一点之上，周身须完整一气，不失整劲、不失中定。

4. 敌若擒拿抓握我肩臂，或被抱住身体处于被动境地，可于猛然间一抖，使对方猝不及防，从而求得解脱与反击机会。

【释名】

青龙出水，如白鹤亮翅一样，属于借自然界生物来模拟招式的命名方式。然而龙只是中华民族想象中的一种图腾式生物，在现实生活中从未见过。东方青龙，又与西方白虎、南方朱雀、北方玄武被尊为四方神，这些都属于文化意义上的象征。可将重点放于"出水"二字，不妨想象小狗从水中上岸后，往往会周身一抖，水花四射，此式与之差相仿佛，只是须有如龙般之气势与威严，不可像落水狗一样无精打采。

【歌诀】

一挂、二磕、三合、四缠绕、五反撩、六击发。

第十九式　双推手

【动作分解】

1. 右拳变掌，重复第四式"六封四闭"之第1动及第2动前半部分。（图66、图67）

图66

图67

2．双掌捋至体前，以右脚掌、左脚跟为轴，向左转体，面向正东。左脚微外撇，重心左移，收右脚至于左脚旁，同时两手继续向左上方运动。（图68～图69附）

3．右脚向前跨一大步，左脚随即跟上，呈开步，重心比例右七左三。同时以身带手，双掌双逆缠向胸前推出，虎口相对，掌心斜向前下，距离约与肩同宽。（图70、图70附）

图68

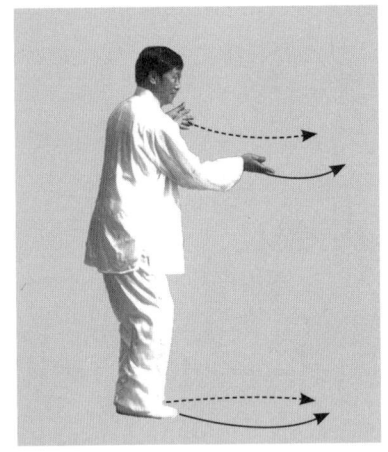

图69

图69附

图70

图70附

【要领·技击含义】

1. 在步法中，跨步与迈步不同。跨步是重心先微向前倾（有时外表看不出来，但自己知道），以重心的移动带动脚，向前跨出，后脚随即跟上。迈步则相反，是脚先出去，而后重心跟上。所有步法的要求，均须做到轻灵沉静，轻灵而不漂浮，沉静而不呆板。

2. 以步法与身法带动手法，不可前仰后合、左摇右晃。

3. 双掌推出后位置不可过高，距离不可过宽，须以得力为度。

4. 掌心须斜向下，不可翻向正前方，否则两臂易僵紧。

5. 推掌时可发捯劲，即在接触对方的一瞬间，沾衣而发，一触即发，一发即收，发劲在指掌之间。也可走问劲，推送含量稍大，以试探对方劲力。

6. 走捯劲有四种方式：

①可同时坐腕，将劲力渗透进对方胸部、后腰或脚跟；

②可同时顺缠里合，走合劲；

③可同时逆缠外展，走分劲；

④可一上一下，走错劲。

第二十式 三换掌（1）

【动作分解】

1. 以身带手，先左掌逆缠向前，右掌顺缠回收（图71）；

2. 再右逆而出，左顺而回（图72）；

图71   图72

3. 最后一次继续重复第一次动作，定势时左掌在前，掌心斜向前下，右掌在后，掌心向左上。（图73）

图73

【要领·技击含义】

1. 此式动作，两掌如揉动一球体般，于胸前往复转换三次。

2. 周身一动，无有不动。以腰身带动双掌，同时双臂双掌的转换，又要与双脚重心的转换相协调。即左掌前出时，重心在右脚，右掌前出时，重心移至左脚。上下左右，虚实交替，盘旋往复。

3. 若两手于上下方拿住对方头部，可发劲拧转，错其颈部关节，造成致命伤。

第二十一式　肘底捶

【动作分解】

1. 右手提腕，左手坐腕。（图74、图74附）

2. 右手向前向右、左手向后向左，分向身体两侧打开，双逆缠划弧。（图75）

3. 转双顺缠，右掌变拳收于右侧腰间，左掌心向右、五指斜向上，立于体前。右拳向前下方逆缠击出，至于左肘下方，拳眼向上。同时左臂逆缠，左掌右拳以双逆缠合于体前，形成整劲。重心比例左七右三。（图76）

图74

图74附

图75

图76

【要领·技击含义】

1. 此式虽然为定步，但双臂开合依然须以腰身带领，重心转换也如前"三换掌"一般，须随时调整，不可一成不变。

2. 若敌右拳当胸打来，我可向左前方闪身进步，避开其正面锋芒。同时以左掌托击对方右肘，形成反关节，而以右拳从对方之肘底，击打其软肋。闪进、托肘、拳击，三者应同时完成，不可有先后之分。

【释名】

此式名称乍看之下一目了然，但却容易误解。根据定势来看，最后右拳的确停放于左肘之下。但若依照实战含义，其实质内容则是将拳从对方手肘之下击出。故而"肘底捶"之"肘底"二字，不应指自己之肘底，而应指对方之肘底。如此理解，方符合其原意。

第二十二式　倒卷肱（1）

【动作分解】

1. 重心右移，右拳变掌，顺缠至左前臂上方，左手亦顺缠，双手掌心朝上，交叉合于体前。随即向左后方走弧线撤左脚，同时双臂双逆缠，右手向前推击，左手向后打开。（图77）

2. 两手逆缠至不能再开，腰胯一转，变为双顺缠，掌心朝上，重心移至左脚。眼向后一瞥即回视正前方。右脚走弧线，撤至左脚旁，不停留，继续走弧线向右后方撤步。同时左掌经耳峰边逆缠向前推击，右掌逆缠向后打开，重心移至右脚。（图78、图79）

3. 重复第2动，唯左右相反，左手收于小腹前，掌心朝上。身体面向东北。（图80、图81、图81附）

图77

图78

图79

图80

图81

图81附

【要领·技击含义】

1. 撤步时，须走弧线，如果在土地上习练，可清楚看到脚步运行轨迹，当中不可出现棱角，以腰身协调上下是动转灵活如意的关键。

2. 撤步时，不可直退。敌若攻我，直直后退，永远处在敌人优势火力之下，而我则始终陷于劣势。若能斜退，则可在避其锋芒的同时，打击其横断面。横破竖，竖破横。

3. 这是本路拳中首次出现连续后退的身法、步法。须注意，不可一味只知后退。脚虽后撤，然势、劲与意却皆向前。退中有进，守中有攻，进退合宜，攻守兼备。

4. 整个运行过程中，身体不要一起一伏，保持高度基本不变，劲路不断。

【释名】

倒，是行进的方向，为五门步法（进退顾盼定）中的"退"步法。卷，是双臂顺逆缠丝，以及身臂卷放。肱，是肱骨，如"掩手肱捶"之肱，以肱骨推送。此式亦有写作"倒卷红"。

【歌诀】

退中有进，守中有攻。

直退易溃，斜退得横。

第二十三式　退步压肘（1）

【动作分解】

1. 重心右移，右手顺缠回收，以身体迎上，与之合于体前。随即左手顺缠，掩于右臂外侧。（图82～图83附）

图82

图82附

图83

图83附

2. 右肘向上向前滚压，注意不可耸肩。随即右脚先向左脚旁再向后划弧线撤步，右肘后挂，右掌掌心向己置于胸前，左掌自胸前穿出，置于身体左前。重心比例左六右四，身体面向东南。（图84～图85）

图84

图84附

图85

【要领·技击含义】

1. 若敌以左手拿我右腕，我则右手顺缠回收，同时应以身体前迎。注意此时并非只将手臂带回，因为若敌方力大于我，则不可能被我以单臂之力夺回。再者，太极拳之拳理讲究舍己从人，从人则活、由己则滞，完全不必以蛮力较劲争夺，而可以我身体迅速迎合而上，将我之臂与敌之手均置于我势力范围内，则可行后面擒拿之法。

2. 左手掩盖于右臂外侧，是为防备敌变化逃脱，其作用与"单鞭"第1动相同。

3. 右肘滚压之时，切不可耸肩，否则立身不正，重心上浮，易为敌所乘。须以腰身整体合劲作用于对方掌缘外侧与左前臂，方可将对方锁死制伏。

4. 此式撤步步法，与前"倒卷肱"相同。撤步同时，右肘发劲后挂，可令其关节断折，轻易不可使用。

【释名】

退步，依旧是步法方向。压肘，既是以我之肘滚压对方前臂，也是压于对方肘上之意，一语双关。

【歌诀】

一合、二掩、三压、四撤。

第二十四式 中盘（1）

【动作分解】

1. 重心后移，双掌向下捋带，放松。随即重心前移，左掌以肘为轴心，手背向外逆时针划弧撩出。左掌继续向左外侧划弧，同时右手以腕为领提起，至于体前。此时重心完全移至左脚，右腿提膝。（图86～图87附）

图86

图87

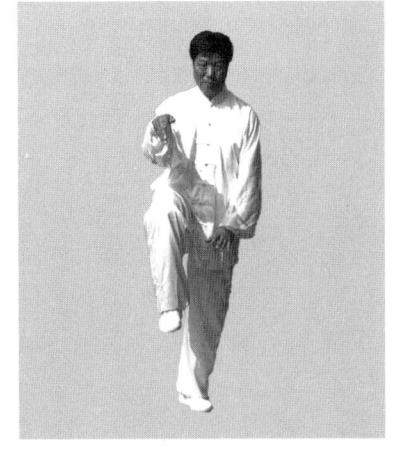

图87附

2. 右掌坐腕，左掌提腕，同时右腿震脚于左脚旁。身体面向东北。（图88、图88附）

图88

图88附

3. 右掌向左上，左掌向右下，开背合胸，双臂合于体前，随即左脚向左后方（西北）疾出。（图89~图90附）

图89

图89附

图90

图90附

　　4. 深吸一口气然后呼出，同时开胸合背，双臂分向左后上、右前下打开。左手提腕，高不过肩；右手坐腕，劲达掌缘外侧。重心比例左腿五五、右腿四五，身体面向东北。眼看右掌之外。（图91、图91附）

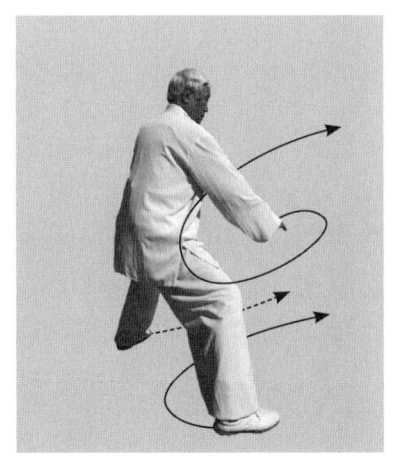

图91

图91附

【要领·技击含义】

1. 左掌撩出，是为佯攻敌头面部，敌若躲闪或挡架，则右手随即而上，可攻其不备。

2. 震脚前，要震而不急于震，一旦震脚，则把左脚催出去。与前"掩手肱拳"相同。

3. 若敌以右拳来袭，则我左臂逆缠迎接，顺势向后捋带。如时机合适，也可进而刁拿对方手腕。与此同时，迅速下势，以右掌外侧切击对方相对柔弱的腹部。左右两手对拉成劲，饱满圆撑。

4. 最后一动，可缓缓运行走柔劲，也可吐气发劲走刚劲。须注意发劲时，双脚应随劲势而微动，不可胶着于地面而不动。

5. 定势时注意立身中正，不可前后倾倒歪斜，不可泛臀。

【释名】

中盘，有两方面含义。一方面，行拳盘架时，有高中低架，此式为中架，不高不低，故可称"中盘"。另一方面，人体可分为上、中、下三盘，而此式所攻击的，是敌人之中盘（腹部）。

第二十五式　白鹤亮翅（2）

【动作分解】

1. 松垂两臂，身略向左蓄，左臂落于左大腿外侧，右臂落于内侧。右臂顺时针向前再收回，重心左移，将右腿一起带回，右脚掌点地，左手略提腕。

2. 重复前第七式"白鹤亮翅"之第1动后半部分及第2、3动。（参见图26～图29附）

3. 完成定势。（图92、图92附）

图92

图92附

第二十六式　斜行拗步（3）

（动作与第八式"斜行拗步"相同。）

第二十七式　闪通背（1）

【动作分解】

1. 接上式，与第九式"初收"之第1动基本相同，唯手心分向两侧，不

向上。（图93）

2. 左脚划弧经右脚旁向左后方撤步，随即右脚掌蹬地、与左脚跟同时碾动，身向左转，右肘向左横击，与左掌合于体前，立身中正，劲向下煞。重心略偏左腿，身体面向东北。（图94）

图93

图94

3. 重心右移，身体右转略前探，面向正东。同时双臂打开，先右后左，向右侧轮番扑击，形成扑面掌。右手按落于右胯旁。（图95、图96）

图95

图96

4．左掌向下、向后采按捋带，按落于左胯旁。重心完全移至右脚，左脚向前上步，足跟先落。同时右掌自腰间顺缠向胸前穿出，掌心斜向上，劲达掌尖。右手到位时，高不过口，左脚掌落实。（图97）

图97

5．左手上提至胸前，以身带手，双手向左划弧坐腕，置于身体左前侧，双掌松垂。同时左脚以脚跟为轴内扣，凸胯。随即以左脚掌为轴，向右转体，右脚走外弧（不经左脚旁）向后撤步。同时双掌被身体带动，经体前划弧，右掌落于腹前，左掌置于身体左前，双掌均略含有按劲。重心比例左六右四，身体面向西北。（图98～图100附）

图98

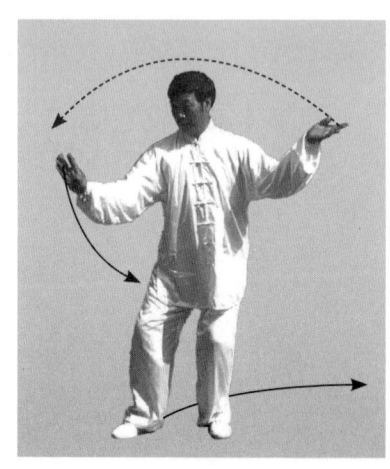

图99

图100

图100附

【要领·技击含义】

1. 右肘与左掌合击于体前，是为"拦腰肘"，不可距离身体过远，否则将劲力涣散。肘击时，劲路依然是源于足、传于腿、主宰在腰，以腰发劲。右肘向地面的垂直线，应落于右腿内侧。

2. 拦腰肘后，还可继续走一"拗拦肘"，其本为二路中动作，可加于此处。若敌右手袭来，以我右肘向左侧拦截，然后继续划弧向敌胸前肘击。敌我面对面站立，以我右手拦截对方右手，为拗拦；以我右手拦截对方左手，为顺拦。现代社交礼仪中之握手，即为拗拦。

3. 右掌左掌轮番扑击，若对方抬臂挡架我右掌，则正可出其不意以左掌奔其头面而去，所谓"不搭不打、搭则必打"。

4. 若敌右手袭来，则我以左掌捋带，带中须含有按劲，同时右掌穿出，迎面直取其哽嗓咽喉与二目。此式在此为过势，二路拳中名为"白蛇吐信"。

5. 此式最后几动为转身背摔，以双手擒住敌右臂，凸胯走"胯靠"，通过靠击使对方受惊、身体变得紧张僵硬，然后扣脚、转体、撤步，将对方摔出。过程中也可以左肩抵住对方右肘，成反关节，称为"二郎担山"。亦可如摔跤动作，上身低俯，臀胯高挑，以完成过背摔。

6. 此式中第一次撤左脚，要领同于前"倒卷肱"，为左脚走内弧，经右脚旁后撤。而第二次转身撤右脚，则有所不同，是直接走外弧，不经左脚旁。但二者又有相同之处，即后撤之脚到位后，不应与前脚处于同一条直线上，应位于前脚左后或右后45°，即应形成两条平行线，如此方有利于身体重心稳定，不至于失控而向前倾倒。

【释名】

闪，形容速度之快。通背，指将敌通过我背部摔出。

第二十八式　掩手肱捶（2）

【动作分解】

1. 身微向左转，带动两臂，双掌以掌根为领，左掌逆缠按落于左胯旁，右掌顺缠提于体前，高不过口。

2. 随即右掌握拳，重心左移，重复第十四式"掩手肱捶"之第2～4动。身体面向西北。（参见图41～图43附）

第二十九式　六封四闭（2）

【动作分解】

1. 右拳变掌，双掌向左后将带，至体前相合，向右横转变挤。

2. 重复第四式"六封四闭"之第2、3动，唯须以右脚掌、左脚跟为轴，身体左转，随即重心左移，右脚向正西上步，然后重心再右移，左脚并步。（参见图12～图14）

第三十式　单鞭（2）

（动作与第五式"单鞭"相同。）

第三十一式　云手（1）

【动作分解】

1. 右勾变掌，重心左移收右脚，足不沾地，左掌逆缠左掤，右掌顺缠下捋。随即重心右移，右脚向右跨步，左足随之收于右脚旁，前脚掌点地。同时右掌逆缠上掤，左掌顺缠下捋。

2. 左脚向左横开步，足跟内侧先落地，逐渐延展至脚掌。同时以身为轴，腰向左转，带动左掌逆缠上掤、右掌顺缠下捋向左运行。（图101）

3. 双掌运行至身体左侧，同时右脚倒插步，以脚尖点于左脚左后侧地面。（图102）

图101

图102

4. 重心左移，右脚掌落实，逐渐延展至脚跟，随即重复第2、3动。

【要领·技击含义】

1. 第1动之步法，为五门步法（进退顾盼定）中的"顾盼"，即左顾右盼。须充分体现出欲右先左、欲左先右及轻灵沉静的特点。

2. 此式中的倒插步，为五门步法（进退顾盼定）中的"进"步法。

3. 左手逆缠上掤，为拦接对方来手。右手顺缠下捋，为插闪对方腋下。辅以倒插步，身一转，即可将对方摔出。

4. 双手运行过程中，高不过口，更不能挡眼。手与身体距离不可过远过近。

5. 须做到时刻以身为轴，而手如车轮，腰部圆活如珠，以腰身带动两臂。

【释名】

古代男子束发，须将发梢在头顶盘旋，成一个"云结"，或曰"云髻"，然后以簪横插其中，可使不散。此式以"云"命名，意为双手于体前运行，有如头发之云结。或将之写作"运手"，则仅说明手于体前运行，而无比喻意义。

第三十二式　高探马（1）

【动作分解】

1. 重心左移，右脚掌逐渐落实，同时双手向身体右后方捋带。（图103）

图103

2. 左脚向左前方45° 上步, 足跟落地。随即重心左移, 双掌以掌根领动, 由下向前划弧推击。（图104、图105）

3. 右脚向右前方45° 上步, 右掌回收, 双臂合于体前。（图106）

4. 重心右移, 开胸合背, 双臂左右拉开。（图107）

图104

图105

图106

图107

5. 左脚向左后方45° 撤步, 以前脚掌点地。（图108）

6. 以左脚脚掌、右脚脚跟为轴碾动, 同时身向左转。左掌回收至腹前,

掌心向上，右掌经耳峰边向右迅速击出，高不过肩，劲达掌缘外侧。重心比例右七左三，身体面向东北。（图109）

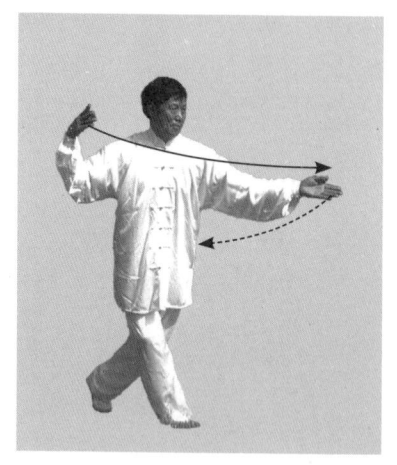

图108

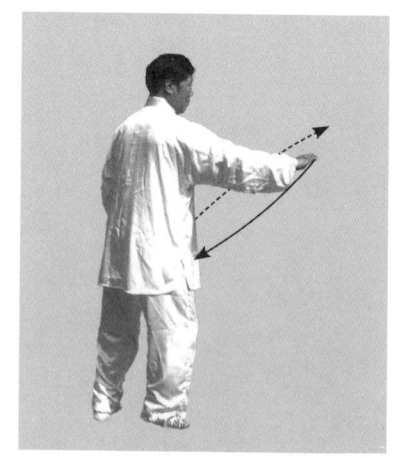

图109

【要领·技击含义】

1. 双手向后将带，为引化对方袭来之右臂，随即上步，同时双手自下划弧，经敌右臂下方，向敌胸前推击。

2. 若主动出击，则左手在前为佯攻或吸引对方注意力，真正攻击之手为右掌。

3. 敌无论左右手向我中线袭来，我均可先以左手拦截引化，然后右掌击出。

4. 最后一动右掌不可过于高抬，否则肋下空虚，易为人所乘。

5. 双臂左右拉开，是张弓如满月；最后右掌击出，是箭射似流星。

【释名】

古代行军打仗乃至日常生活，多以马为代步工具。一般马匹体形较高大，人站于地面，一手揽缰绳，一手牵马脸一侧绳带，手举较高。因此式定势动作与之相似，故名高探马。

第三十三式　右擦脚

【动作分解】

1. 重心右移，左脚足跟略离地。右掌下落回收，左掌逆缠前探。（图110）

2. 重心继续右移，左脚盖步落于右脚前。右掌从左腋下穿出，左掌下落向左打开。（图111）

3. 重心移于左脚，同时左掌向上向右、右掌向下向左继续运行，双臂交叉合于体前。（图112、图112附）

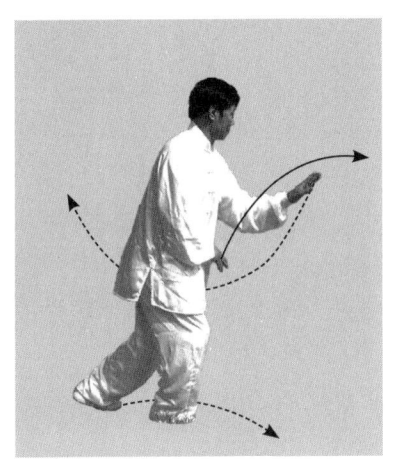

图110

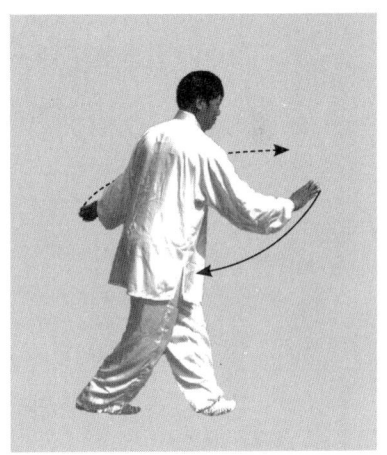

图111

图112

图112附

4. 双臂上举，同时走上弧分向左右打开。（图113）

5. 起右脚略绷脚面，以右掌拍击右脚面。身体面向东北（图114）

图113

图114

【要领·技击含义】

1. 第1动之右掌回收、左掌前探，用法与前"闪通背"之扑面掌相同，唯架子略低。

2. 起右腿拍脚时，重心不可冒起，左腿支撑腿不可伸直，左脚足跟不可离地。

3. 以手拍脚是套路演练编排所需，实际使用时，只以脚背踢击对方裆部即可。

4. 立身中正，不可因要用手去找脚面而出现弯腰驼背或身体歪斜。

5. 左臂向左后侧打开，为衬劲。

第三十四式　左擦脚

【动作分解】

1. 右脚暂不落地，身向右转，于空中脚尖外撇向右掰脚，然后落地，随即重心右移。同时右手向右向下、左手向左向上划弧，双臂交叉合于体前。（图115~图116附）

图115

图115附

图116

图116附

2. 重复前"右擦脚"之第4、5动，唯左右相反，最后身体面向东南。
（图117、图117附）

【要领·技击含义】

1. 右脚落地前，须以身法、手法，走出一个采劲。

2. 其余要点与前"右擦脚"相同。

图117

图117附

第三十五式　左蹬一跟

【动作分解】

1. 左脚外撇掰步落于右脚旁，同时身体左转，重心左移。随即右脚向正东横跨出一步，双臂下落交叉合于体前，左手在外、右手在内。身体面向正北。（图118、图118附）

图118

图118附

2. 双臂向上然后分向左右打开，开至斜上方45°时，双手握拳，继续下落，至体前交叉，左拳在外、右拳在内。同时重心右移，收左脚以脚掌虚虚点地。（图119、图119附）

3. 双臂双顺缠向两侧螺旋滚动延伸打开，拳心斜向上，同时提左脚向左侧蹬脚，劲达足跟。（图120、图120附）

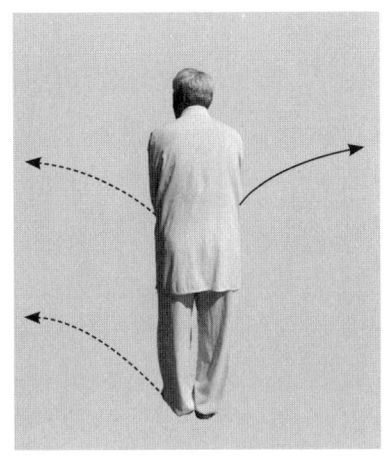

图119

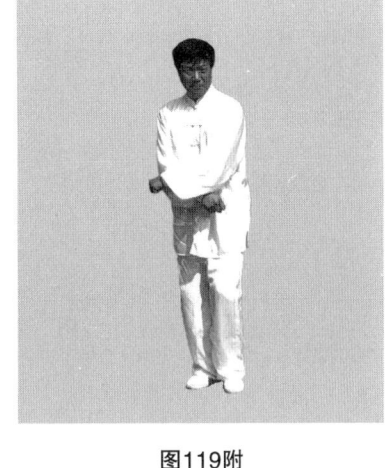

图119附

图120

图120附

【要领·技击含义】

1. 落地转身及跨步等，均须身法与步法相结合。

2. 左腿起脚蹬击时，依然要保持立身中正，不可歪斜晃动，蹬击之腿须富有弹性。

3. 武谚云：抬腿三分险。指的是一脚抬起一脚独立，是自己最缺少步法变化和稳定性的时刻。倘若抬腿过高，则易被人抄住；若过远，则易被人进身。故而起腿不可过多、过高，一发即收，只攻敌下三路即可。

4. 双臂向两侧打开，走的是捌劲，故不可下砸、不可外掰，而应螺旋滚动延伸。

【释名】

蹬，专指以脚跟攻击敌人。以脚面击敌为"踢"（左右擦脚），以脚跟击敌为"蹬"（左右蹬一跟），以脚外侧击敌为"踹"（二路并缆直入）。跟，即脚跟。也有写作"蹬一根"，意义相近而可通用。

第三十六式　前堂拗步（3）

【动作分解】

1. 双拳变掌，右掌向左移至左肩前，双掌向下后方捋带，掌心斜相对。

2. 重复第十式"前堂拗步"之第1～3动。唯最后右脚踏于正西，身体面向西南。（参见图37～图39附）

第三十七式　击地捶

【动作分解】

1. 接上式，重复第八式"斜行拗步"之第1动。（参见图30）

2. 双掌握拳，重心移至右腿，左脚向左前方（西南）上步。身体微右转，左拳顺缠经体前向右，右拳逆缠向后。继而重心左移，左拳落于腹前，右拳顺缠向上，举至与太阳穴同高。（图121～图122附）

图121

图121附

图122

图122附

3. 重心继续左移身向左转。左拳逆缠向左上方扬起，拳眼朝右，与口同高。右拳经耳峰边逆缠下砸，至于左腿内侧，拳眼对左膝盖。此时成左弓步，重心比例左七右三，身体面向西北。（图123、图123附）

图123

图123附

【要领·技击含义】

1. 若敌右手袭来，左拳上扬迎接，逆缠向后捋带，同时右拳可视实际情况，自上而下砸击其面部、胸腹、裆部或大腿根内侧。

2. 手部动作，须凭借以身为轴，注意整体性、连贯性、平衡性和动作的协调性（分为静止与运动中的）。

3. 拳势猛烈时，可将来敌一拳击倒在地，此时可乘胜追击，将敌制服。但于最后一动定势时，身体不可前俯，腰部略向下披腰煞劲。

【释名】

此式名为"击地捶"，并非说真的要拿拳头击打到地面之上，主要在于形容拳劲之运行方向。

第三十八式　翻身二起脚

【动作分解】

1. 重心右移，开胸合背，左拳右肘对拉而开。（图124、图124附）

2. 扣左脚，向右转体。双拳变掌，向上、向右划弧。（图125、图125附）

图124

图124附

图125

图125附

3. 双掌继续下捋至身体左侧，同时将右脚带回至左脚旁，脚掌虚点地，重心移至左脚。身体面向东北。（图126、图126附）

4. 右脚上步，脚尖微外撇，重心右移，身体转向正东，同时右掌背向前撩出。（图127、图127附）

图126

图126附

图127

图127附

5. 身向右转，重心移至右脚，同时左掌向前成扑面掌，两臂如车轮，与右掌轮番扑击。（图128、图128附）

6. 先起左脚，将身体领起，随即起右脚。同时左掌向下、向左打开平举，右掌逆时针划弧，拍击右脚面。左脚先落地，右脚再落于左脚旁，两臂呈90°打开，双掌微上扬，身体面向正东。（图129、图129附）

图128

图128附

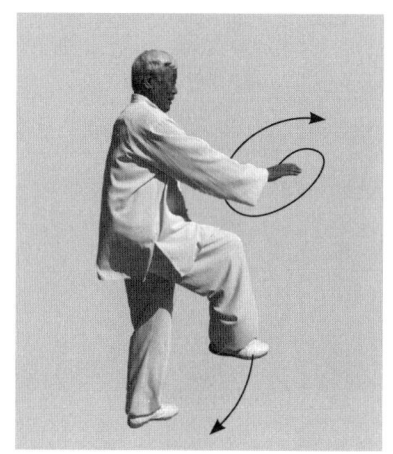

图129

图129附

【要领·技击含义】

1. 右肘后拉，可防敌袭击自己后脑，同时可以肘击敌。

2. 转体后，可继续以双掌轮番扑击来敌。

3. 若敌后撤，则可起脚踢击，左脚虚右脚实，起左脚为使身体获得一个初始运动惯性，主脚在右脚。

4. 起脚落脚俱要稳健，尤其身体不可于空中失控，无论起落都要保持整劲不丢。

第三十九式　护心捶（兽头式）

【动作分解】

1. 双臂放松，左臂垂于体侧，右臂垂于体前。随即以身带臂，双臂自左向右前方划弧，双掌掌心向前，有圆撑之意。重心移至右脚，左脚脚掌虚点地。（图130、图130附）

2. 向左后方（西北）撤左脚，双掌随重心左移下捋，至身体左侧握拳。（图131、图131附）

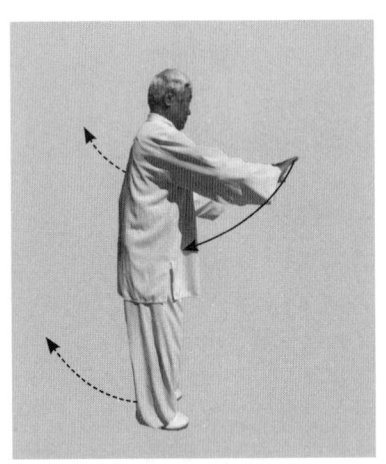

图130

图130附

图131

图131附

3. 重心移至左脚，右脚迅速收放起落一次，足跟依然落于原地。重心右移，脚掌逐渐落实，身微右转，双拳随身体转动而向右前方轮番挂打，右拳下挂、左拳击出，继而左拳下挂、右拳击出。两拳拳心向己，重心略偏右，身体面向东北。（图132～图133附）

图132

图132附

图133

图133附

【要领·技击含义】

1. 第1动双臂松垂与前撑，若不分解而连贯运行，也可是一组挂打结合手法。

2. 右脚起落一次，是为调整重心和最佳落脚点，并且增加身法强度，从而加强双拳惯性力量。

3. 双拳挂打，其劲力须以腰脊催出，不可只抡双臂。腋下涵虚，不可夹紧。可柔而运之、含而不露，也可将劲力发出。

4. 双拳位置，高不过口，更不能挡眼，约与心口相当。定势时双拳合于体前，不可距离身体过近，不可过于开放，应护住中线。

【释名】

护心捶，揭示了此式的主要作用，以及双手应摆放的位置。心，既指狭义的心脏，也可指广义的胸腹部位，同时也有身体中心、中线、中枢之意。此式也称为"兽头式"，是指双拳于体前轮转，形如兽头，而其拳势威力也如猛兽。

【歌诀】

> 一撑、二抒、三握拳，
> 起脚、落脚、手连环。

第四十式　旋风脚

【动作分解】

1. 双拳变掌，以身带手，于体前走一个S形。重心移至左脚，撤右脚，双掌随之回收。（图134、图134附）

图134

图134附

2. 右腿提膝，同时双掌向身体左前方外撑。身体面向东北。（图135、图135附）

图135

图135附

3. 掰右脚向前落步，身体右转，双掌随身体划弧，右掌向右、左掌向左。（图136、图136附）

图136

图136附

4. 重心移至右脚，双掌继续运动，右掌向下向左、左掌向上向右，交叉合于体前。身体面向东南。（图137、图137附）

图137

图137附

5. 起左脚，向右侧横摆，同时以左掌拍击左脚内侧。以右脚掌为轴，身体随之向右旋转。转体后左脚落于右脚旁，脚掌虚点地，身体面向正北。（图138、图138附）

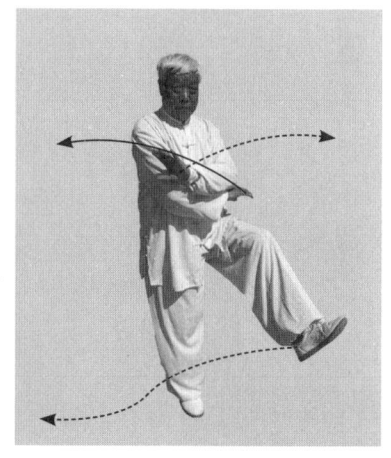

图138

图138附

【要领·技击含义】

1. 提膝外撑。若敌右手袭来，我可从其里侧接，双掌捋带外撑，随即提膝攻其裆部。或从其外侧接，提脚击其腿部。

2. 左脚向右横摆，可以扫对方裆部。或以左脚向右扫对方下盘，同时以左掌向左搬动其上盘，形成错劲，令其仰跌。

3. 左脚右摆至落地前，身体旋转幅度较大、速度较快，须始终合住劲，保持重心与稳定，不可散乱。

【释名】

此式最后，身体在极短时间内旋转近225°，如同一股卷地旋风，故以此命名。

第四十一式　右蹬一跟

【动作分解】

1. 左脚向左横跨一步，双掌向上划弧，分向左右打开。（图139、图139附）

图139

图139附

2. 重心左移，收右脚，右脚掌虚点地。双掌握拳走下弧，交叉合于体前。（图140、图140附）

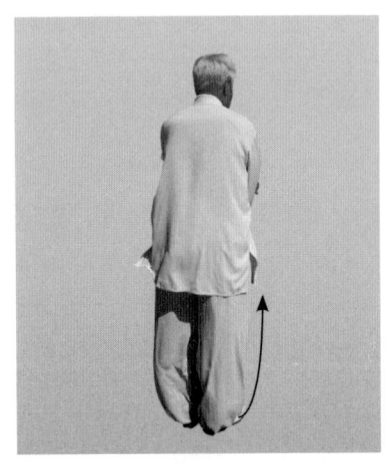

图140

图140附

3.重复第三十五式"左蹬一跟"之第3动。（图141～图142附）

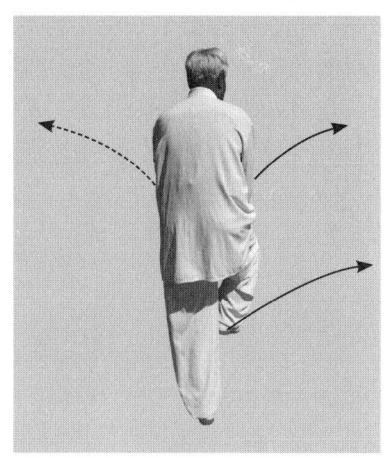

图141

图141附

图142

图142附

第四十二式　掩手肱捶（3）

【动作分解】

1.右腿下落不沾地，向左微摆。同时身向左微转，双拳下落，交叉合于体前，右外左内。右膝向右侧摆动，带动身体以左脚掌为轴向右转体，同时双拳随身体向右运行，右手先向上后向下，左手先向下后向上。右拳落于右大腿外侧，拳心朝上；左拳上举，拳心朝右。身体面向东南。（图143）

2. 双拳变掌，先上举后下落，交叉合于体前，同时右脚落于左脚旁成盖步。重复第十四式"掩手肱捶"之第3、4动。（图144~图146）

图143

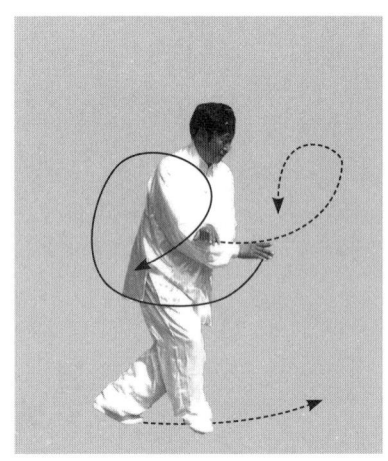

图144

图145

图146

【要领·技击含义】

1. 此式第1动在一路拳中仅为过势，在二路拳中独立出来，命名为"海底翻花"。双拳自下而上向右外翻挂打，劲在双肘。

2. 海底翻花衔接后面掩手肱捶，可于原地震脚开步，也可不震脚而走跳步。

第四十三式　小擒打

【动作分解】

1. 重心右移，右拳变掌向右上方提腕，左掌向左下方坐腕，开胸合背，对拉成劲。（图147）

2. 重心左移，左掌上提、右掌下落，走合劲。提右脚经左腿前向左铲落，双臂继续相合，交叉于体前。（图148、图149）

图147

图148

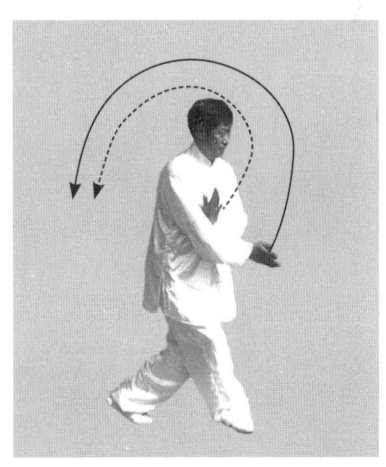

图149

3. 重心移至右脚，左脚上步，同时以腰带动两臂，向上、向右划弧，落于腹前。（图150、图151）

图150

图151

4. 重心左移，身微左转，左手提腕、右手反提腕至左前方。（图152）

5. 双掌掌根发劲，左推右按，左掌向外，右掌斜向下。身体面向东南。（图153）

图152

图153

【要领·技击含义】

1. 若敌右手袭来，我以右手自其外侧接，向后将带拿腕，左手控制对方肘部，可施行擒拿。同时以右脚铲踹对方膝盖、小腿部位。

2. 也可以腰带臂，向后走大将，然后以左掌推击其头面部，右掌按击其胸腹部。

【释名】

凡擒拿或击打对方时，动作须小巧、迅速、隐蔽，所谓"动贵短"，故名"小擒打"。

第四十四式　抱头推山

【动作分解】

1. 重心右移，身微右转，以身体带合两臂。面向西南。（图154）
2. 重心左移，身微左转，以身体带开两臂。面向东南。（图155）

图154

图155

3.重心移至左脚，收右脚，双手向耳后运动。（图156）

4.向右后方（西北）撤右脚，以足跟内侧落地。随即蹬左脚，以左脚掌、右脚跟为轴，向右转体，重心右移，比例右七左三。同时双掌前推于胸前，坐腕塌掌，劲达掌根。身体面向西北。（图157）

图156

图157

【要领·技击含义】

1. 双手向耳后运动，似有抱头之意，为防范对方自后袭击我后脑部位。随即撤脚转身前推，进行反击。

2. 撤脚、转身、推掌，在运用时须迅捷无伦、一气呵成，不可相互割裂开来。所谓：拳似流星眼似电，身如蛇行腿如钻。

3. 最后须坐腕塌掌，劲力方可作用到对方腰部甚至脚底。

4. 身不可前探前俯，腰须掖住劲。

5. 其他要点与第十九式"双推手"相同。

【释名】

抱头，含义直白，即双手似抱头状。推山，形容转身前推，力可移山。

第四十五式　三换掌（2）

（与第二十式"三换掌"相同。）

第四十六式　六封四闭（3）

（与第四式"六封四闭"相同，唯方向不同，身体面向西南。）

第四十七式　单鞭（3）

（与第五式"单鞭"相同，唯方向不同，面向西南，故亦名"斜单鞭"。）

第四十八式　前招

【动作分解】

1. 身微左转，右勾手变掌，以身带手，顺缠向左划弧。至身体左侧，双掌下捋，含有按劲。（图158）

2. 身微右转，带动两臂向下、向右划弧。（图159）

图158

图159

3. 重心移至左脚，收右脚于左脚旁，脚掌虚点地。同时用身体将双掌带至身体左侧，左掌斜心向下，右掌心向左。（图160）

4. 右脚向右前方（西北）跨上一步，足跟内侧先落地，然后延展至脚掌，左脚随即跟上，成横开步，重心比例右七左三。同时双臂随身法带动，右臂逆缠上掤，左臂顺缠下捋。到达身体右侧后，右掌心向外、左掌心向右推击，形成合劲。面向西北。（图161、图162）

图160

图161

图162

第四十九式　后招

【动作分解】

1. 重心左移，身微左转，放松两臂，下垂于体前。（图163）

2. 重心右移，身微右转，以身带手，双掌向右划弧。（图164）

3. 左脚向左后方（东南）跨撤一步，重复上一式"前招"之第4动，唯左右相反。面向西南。（图165）

图163

图164

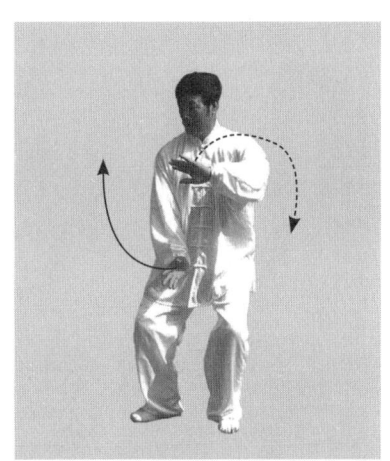

图165

【要领·技击含义】

1. 前招、后招两式，相对称而成招。身法步法俱要轻灵沉静，不晃身、不架肘、不耸肩，腋下涵虚，周身一动、无有不动。

2. 整个运行过程中，须劲路流畅、由内达外，走出一种涌动感和阻力感。

3. 最后一动，一掌向外、一掌向侧，走的是分错合击之劲。若一掌推击敌胸部，一掌带击其胯部，则将令其难以化解和承受。

4. 前后两式可均走柔劲，也可先柔而后刚，于后招走出刚劲。

【释名】

前与后，是说步法行进方向，一为前进，一为后退。招，在河南地区方言中是"看"的意思，前招即神意在前，后招即注意于后。

第五十式　左右野马分鬃

【动作分解】

1. 重心右移，左脚足跟微微离地。同时左掌坐腕、右掌提腕，如向左转舵。随即重心左移，右脚足跟微微离地，同时右掌坐腕、左掌提腕，如向右转舵，身微下势。（图166、图167）

图166

图167

2. 右脚向右前方（正西）上一大步，随即重心略前移，成右弓步，重心比例右七左三。同时右掌顺缠向右穿出，掌心向上；左掌逆缠向左后撑展，掌心向外。身体面向西南。（图168）

3. 重心右移，收左脚于右脚旁，脚掌虚点地。同时右掌逆缠向右，左掌顺缠向前。（图169）

图168

图169

4. 随即左脚向左前方（西南）上一大步，重复第2动，唯左右相反，身体面向西北。（图170、图171）

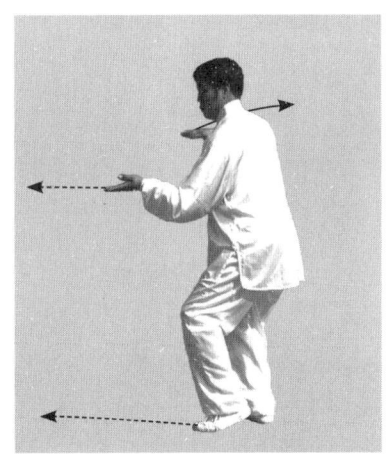

图170

图171

【要领·技击含义】

1. 开始类似左右转舵的动作，是八门劲别（掤捋挤按采挒肘靠）中"采"的典型应用。欲右先左，欲将对方向我之右侧掀动、或向右后方摔出，则须先给其以向左、向后之力，以逗引其人本身之力，待察知其下意识进行顶抗，则我迅速换劲，改变方向为顺从其力，则二者可形成一股较大的合力，此即"牵动四两拨千斤""引进落空合即出"。然而要注意的是，四两拨千斤，须以千斤之力为后盾，方可以巧技赢敌。

2. "采后有一靠，势必把命要"，采之后上步进身，劲在右（左）肩，形成肩靠，而非在于两臂，更不可于手掌手指间过分用力。

3. 右（左）臂的前伸，不可像拉抽屉、吐舌头一样，只凭臂部，而应是整体运动。最后到位时，应像平稳行驶的小轿车刹停一般，富有弹性与韧劲。

4. 此式是大顺逆缠丝法、大铺身法，须开中寓合、合中寓开，劲力畅达于四梢，中正安舒而八面支撑。

【释名】

野马分鬃，是各式太极拳中的一个经典动作名称。其本意是指，人体自后颈（玉枕穴）至后腰（命门穴）这段脊柱两旁的肌肉，须向野马的鬃毛一样，在运动中向两侧开张，也即之前屡次提到的"开背"。其比喻意是指，行拳走架至此，可以意气风发、无拘无束，如野马奔腾时鬃毛于两侧飘舞。

第五十一式　六封四闭（4）

【动作分解】

1. 以腰带手，将双掌带至胸前，走"磨盘掌"。（图172、图172附）

2. 随即双掌向身体右侧连捋带按，身微下势（图173）。重心右移，身微右转，以腰带两手向身体左侧按落，如逆

图172

时针划一小引圈。（图174、图174附）

图172附

图173

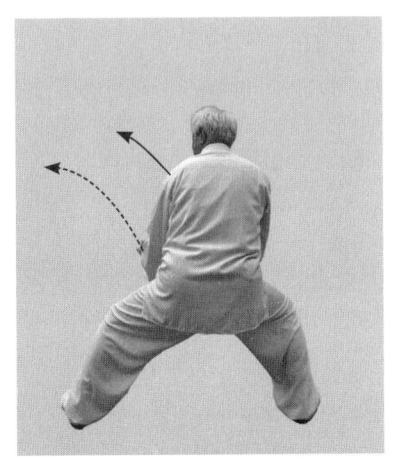

图174

图174附

3. 继续以身带臂，自下而右而上逆时针划一大圆，回到原位。（图175、图175附）

4. 重心右移，提双腕至身体右肩上方，随即左掌心翻向上，与右掌心斜相对。（图176、图176附）

5. 双掌下捋至体前，重复第二十九式"六封四闭"之第2动。

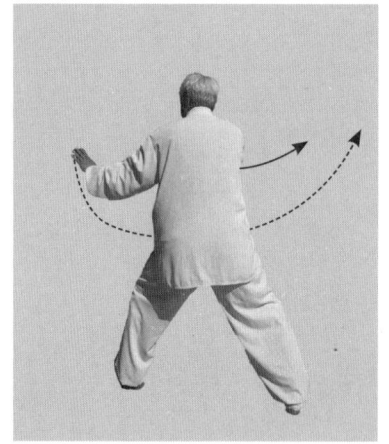

图175

图175附

图176

图176附

【要领】

1. 此式过势动作较多、较复杂，须掌握重心转换与腰身的作用协调一致，从而带动双臂双手运动，并非只是两臂在体前狂挥乱舞。

2. 所有动作过程中，均不可左摇右晃、前俯后仰。

【歌诀】

第一到胸前，第二小引圈，

第三走大圆，第四双提腕，

第五捋加转，上步就是按。

第五十二式　单鞭（4）

（动作与第五式"单鞭"相同。）

第五十三式　双震脚

【动作分解】

1. 身微左转，重心左移，右勾手变掌，下捋至左膝上方。随即身向右转，重心右移，右臂逆缠上掤、左臂顺缠下捋，随身体向右运动。左掌至于右膝上方，身体面向西南。

2. 身继续右转，面向正西，开胸合背，双臂分向左右两侧打开。随即坐腕合抱回收，同时身略向左转，重心左移，收右脚成右虚步，足跟与地面虚虚接触。双手掌心向上捧于体前，身体转向西南。

3. 双掌双顺缠上提，同时提右脚，左脚掌蹬地，将身拔起，继而左脚被带离地面。随即双逆缠下按，左脚先落地，右脚再落，落地同时两脚先后震于地面。（图177）

【要领·技击含义】

1. 双掌合抱回收时，注意起势不起身，为蓄势待发。

2. 双脚起落时，左脚后起而先落，右脚先起而后落。

图177

147

3. 此式身体拔起，是双臂双顺缠上领、右腿起脚和左腿上弹劲的合劲作用，在跃起过程中要合住劲，不可松散。

4. 跃起动作不求其高度，重点在落地时的双震脚，劲力须渗透至地面以下。

5. 若我双手擒住对方右臂，可微向前上方一送，然后向上、向后走一小弧，迅速向下向后抖落发劲，可使对方肩部脱臼，如同从挂钩之上摘衣服和书包背带。

第五十四式　玉女穿梭

【动作分解】

1. 向前掰步出右脚，重心前移，同时右掌顺缠向前击出，劲达掌根，掌心斜向上。（图178）

2. 身体右转，重心移至右脚，随即左脚向前（正西）窜跃一大步，随身体右转扣步落脚，此时左掌逆缠向左侧击出，劲达掌根，掌心斜向下。身体面向正北。（图179）

图178

图179

【要领·技击含义】

1. 若敌右手袭来，我以左掌向右捋带，然后上步，以右掌从其臂下，以掌根捌击对方胸腹部位。须注意，此处不可以手指直接前戳，否则易窝伤手指，后动出左掌时亦如此。

2. 若敌右手袭来，我以右掌自其外侧将带，然后以左掌击其肋下或头面部。

3. 窜跃而前时，身法须平稳，依旧保持虚领顶劲、立如秤准，才可保证跃进结束后身体重心稳定。若头部微有前倾，则结束时易有前栽趋势。

4. 跃进时，不求其高度，而求其平远。

【释名】

古代女子用纺车纺织布匹，布匹之线分经纬，先将经线固定，然后以梭子带动纬线往来穿梭于经线之间，则可纺织成布。梭子的运动特点是平直且迅速，人们常用的成语"光阴似箭、日月如梭"，也正是这种特点的体现，故而用来形容此式再恰当不过。"玉女穿梭"，并非说此式姿态应宛如玉女，而是说双手轮番出掌及身法之快，应如玉女织布时手中之梭。

第五十五式　懒扎衣（2）

【动作分解】

1. 重心随运动惯性移至左脚，以左脚掌为轴，身体继续右转180°。右手在身体右上侧，左手在身体左下侧，面向正南。（图180、图181）

图180

图181

2. 右脚向右侧（正西）横开步迈落，足跟先落地，同时左手向上向右、右手向下向左划弧，合于体前，呈上合下开之势。（图182）

3. 重复第三式"懒扎衣"之第3动。（图183）

图182   图183

【要领】

1. 转体均须以身为轴，而手似车轮，以身带手。

2. 此式承接上式"玉女穿梭"跳跃之后的运动惯性，最后定势时须周身松沉，气机不可上浮。常见问题是由于前式立身不正，在此容易重心不稳而前倾。

第五十六式　六封四闭（5）

（动作与第四式"六封四闭"相同。）

第五十七式　单鞭（5）

（动作与第五式"单鞭"相同。）

第五十八式　云手（2）

（动作与第三十一式"云手"相同。）

第五十九式　摆莲跌叉

【动作分解】

1. 重复第三十二式"高探马"之第1动。随即左脚向左前方上步，重心左移，以身带手将双掌带至身体右侧，放松。（图184~图186）

图184

图185

图186

2. 重心移至左脚，起右脚，自左向上、向右摆脚，同时双掌自右向左轮番拍击右脚面。（图187）

3. 拍击之后，右脚不落地。右掌向右上方提腕，左掌向左下方坐腕，开胸合背，对拉成劲。（图188）

151

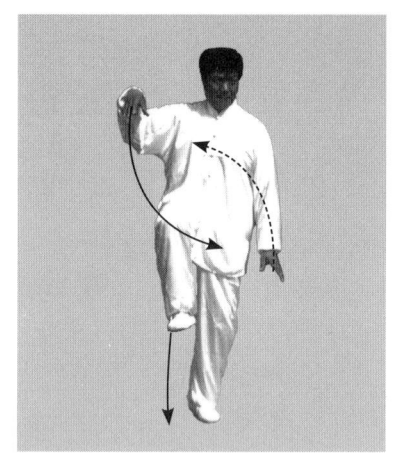

图187 　　　　　　　　　　　　　　图188

4. 双掌握拳，右拳向下向左、左拳向上向右，交叉合于体前。同时右脚震落于左脚旁。（图189）

5. 重心移至右脚，左脚足跟贴地向左铲出，右膝内扣。同时双拳右上、左下对拉而开，左拳至于左大腿外侧，两拳心遥遥相对。身体下势，右腿膝盖和小腿内侧及左腿后侧与地面接触，裆部与地面约有一拳之隔。身体面向东南。（图190）

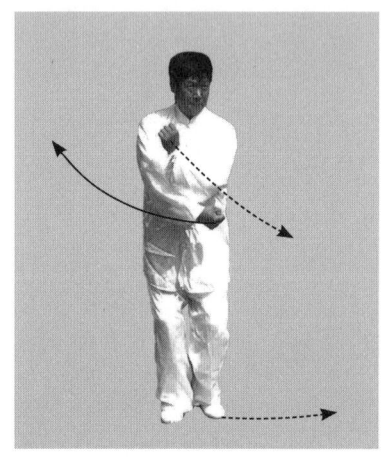

图189 　　　　　　　　　　　　　　图190

【要领·技击含义】

1. 双掌拍脚前须放松，拍脚时走鞭梢劲，形似甩鞭。手脚要相互迎击，而非用两手去够，右脚右摆也须有一定力度，方可接连两声响如脆鞭。

2. 跌叉动作较难，对腿脚柔韧性要求较高，中老年人尤其难以做到。这时可以不下到位，根据本人实际情况量力而行。

3. 跌叉之后，臀部不可与地面接触，如果直接坐于地上，则劲路中断，难以起身。须令裆部与腿部合住劲，保持弹性，一跌即可弹起。

4. 下势后须保持立身中正，上身不可前俯。

5. 此式也可不震脚，而在摆莲后直接凌空下跌。

【释名】

莲，即足也。古代妇女缠足，称作"三寸金莲"；形容女子走路，称为"轻移莲步"。称此式为"摆莲"，用语较为文雅，也有直接写作"摆脚"的。跌，即凌空下跌。叉，即劈叉。

第六十式　左右金鸡独立

【动作分解】

1. 双腿合劲支撑而起，身微左转，重心前移至左脚，收右脚于左脚旁，脚掌虚点地。同时左拳向前向上、右拳自下而上穿出，交叉合于体前，右手在外、左手在内，随即双拳变掌。身体朝向正东。（图191）

2. 左脚支撑独立，提右膝。同时双掌双逆缠，分向右上、左下打开。左掌按落于左胯旁，掌心朝下；右掌高不过头，掌心朝外。（图192）

图191

3. 右掌放松下落，同时右脚震落于左脚旁。（图193）

4. 以身带双掌，自右向左划弧，同时右脚向右侧（正南）横开一步。（图194、图194附）

图192

图193

图194

图194附

5. 随即收左脚于右脚旁，脚掌虚点地，双臂再次交叉于体前。（图195、图195附）

6. 重复第2动，唯左右相反，身体依然面向正东。（图196、图196附）

图195

图195附

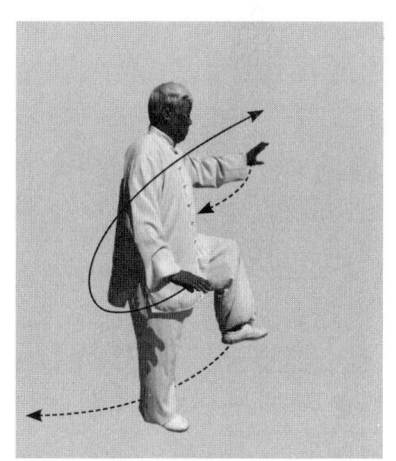

图196

图196附

【要领·技击含义】

1. 由下势起身时，不可以上身前够，而应以裆部、腿部合劲弹起。

2. 左右两拳走的是上冲拳。

3. 左右两掌双逆缠斜向打开，左掌按落是将按对方来手，右掌可托对方下颚或锁喉，注意不是向上直托和直钳，须逆缠螺旋，可增加力度，并让对方无法抵挡。反向亦然。同时提膝可击打对方裆部。

4. 单腿独立支撑时，须曲蓄有余，不可完全直立，并且支撑腿一侧胯部向外略有凸意，可增加稳定性。提膝之腿，大腿平、小腿直，脚腕放松，不背不勾。

【释名】

古人基本户户养鸡，故而观察到鸡常爱单腿站立、并且又直又稳这一现象。本式连续两次单腿支撑，故而用"金鸡独立"来形容。

第六十一式　倒卷肱（2）

【动作分解】

1. 身微右转，同时双手变双顺缠打开。随即左脚向左后方（西北）撤步，重心左移。左掌逆缠回收于腹前，右掌经耳峰边逆缠击出。

2. 左手继续逆缠向身后打开，重复第二十二式"倒卷肱"之第2、3动。

第六十二式　退步压肘（2）

第六十三式　中盘（2）

第六十四式　白鹤亮翅（3）

第六十五式　斜行拗步（4）

第六十六式　闪通背（2）

第六十七式　掩手肱捶（4）

第六十八式　六封四闭（6）

第六十九式　单鞭（6）

第七十式　云手（3）

第七十一式　高探马（2）

（以上第六十二式至第七十一式与前第二十三式至第三十二式相同，唯快慢不同，可比第一遍出现时速度略快。）

第七十二式　十字摆莲

【动作分解】

1. 双掌于原地各自顺时针划一小圈，随即以左脚掌、右脚跟为轴，向右转体，双臂随身走，打开形成一个大圆。身体面向东南。（图197）

2. 身继续右转，重心移至右脚，左脚向左侧（正东）上步。同时右手向下向左、左手向上向右，双臂交叉合于体前，呈上合下开之势。身体面向正南微偏东。（图198）

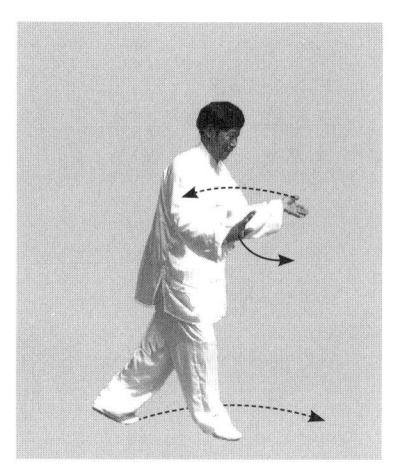

图197

图198

3. 深吸一口气，呼气同时向下塌势，双掌分向右上、左下对拉而开。（图199）

4. 重复第十五式"第三金刚捣碓"之第2、3动，唯最后双臂左在上、右在下呈"十"字交搭于体前，右脚收至左脚旁，脚掌虚点地。（图200）

5. 起右脚，自左而上、向右横摆，同时以左掌掌心拍击右脚面。（图201）

图199

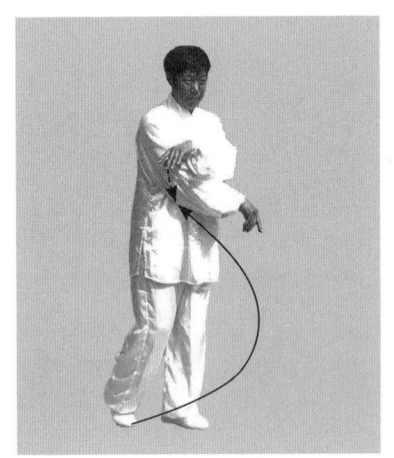

图200

图201

【要领·技击含义】

1. 第1动也是一种"采"劲的形态，与前"右擦脚"接"左擦脚"及"护心捶"接"旋风脚"之过势动作均略同。

2. 此式含义与前第四十式"旋风脚"略同，唯左右脚有异。

第七十三式　指裆捶

【动作分解】

1. 右脚掰脚落步，身体随摆脚运动惯性右转，双掌握拳。（图202）

2. 身继续右转，重心移至右脚，右拳自下而上、左拳自上而下运动。（图203）

3. 左脚向左前方（正西）上步，随即重心略左移。同时右拳上提至面部右下侧，拳心向己；左拳落至左膝上方，拳心斜向上。（图204、图204附）

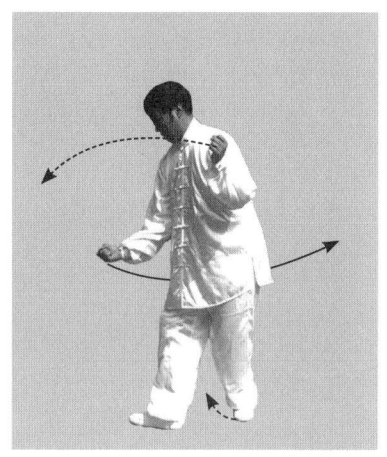

图202

图203

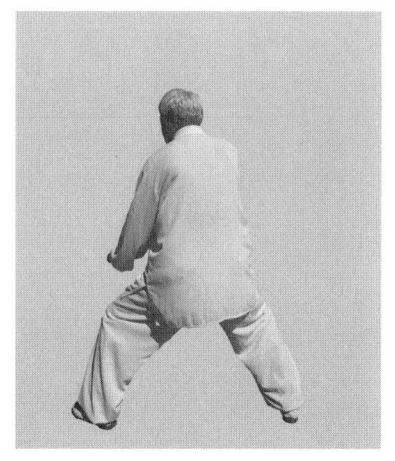

图204

图204附

4. 重复第十四式"掩手肱捶"之第4动，唯出拳方向变为前下方，兼有下砸、外崩劲。身体面向西北，眼神注于左前下方。（图205、图205附）

图205

图205附

【要领·技击含义】

1. 第1动右脚也可在转体掰步时震脚下落，或脚不落地，直接做成跳步转身。

2. 双拳可做成先向左上方略举，然后向右下方挂，随即向左侧翻转击打，"挂打结合"。与第十八式"青龙出水"之第1动略相同，唯方向左右相反。

3. 除重点攻击部位为对方裆部之外，其余各项要领均与第十四式"掩手肱捶"相同。

第七十四式　白猿献果

【动作分解】

1. 重复第二十九式"六封四闭"之第1动。（图206、图206附）

2. 双臂顺缠打开，随即右掌逆缠，双掌心斜相对，向下捋按至腹前，握拳。（图207、图207附）

图206

图206附

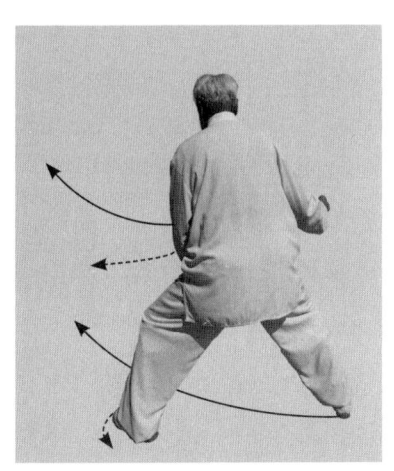

图207

图207附

3. 重心左移，以右脚掌、左脚跟为轴，向左转体。重心移至左脚，提右膝，同时右拳顺缠上勾击出，拳心向己，高不过口；左拳逆缠回收至左腰间，拳心向上。身体面向正西。（图208）

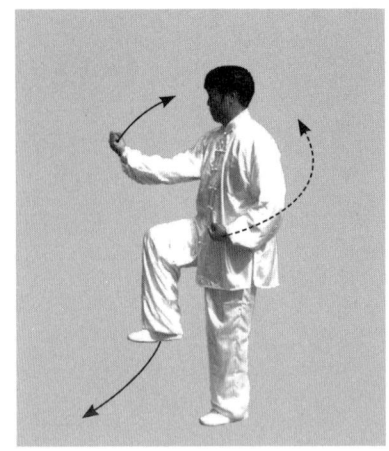

图208

【要领·技击含义】

1. 单腿独立时不可直腿，须曲蓄有余，要领与前面所有类似动作相同。

2. 若敌以右手袭来，则我左手逆缠接，然后变顺缠拧转擒拿，同时右拳上勾冲出击其咽喉面门，提膝击其裆部。

【释名】

山中白猿多具灵性，古代还曾有白猿修成剑仙，传授剑法于人间的传说。此式动作形如一头白猿采来仙桃灵果，献于面前，故以此命名。

第七十五式　六封四闭（7）

【动作分解】

1. 身微向左转，右脚向前方（正西）扣步迈落，同时双拳变掌，以腕为领，向两侧打开。

2. 重心右移，双掌向双耳后运动，重复第四式"六封四闭"之第3动。（参见图14）

第七十六式　单鞭（7）

（动作与第五式"单鞭"相同。）

第七十七式　雀地龙

【动作分解】

1. 身微左转，重心略左移，右勾手变掌。左掌向上向右、右掌向下向左，双掌双顺缠合于体前。（图209）

2. 双掌变握拳，继续运动，右拳在上，左拳在下，拳心向己。（图210）

图209

图210

3. 双拳双逆缠，分向两腰侧下钻打开。同时蹬右脚向左转体，重心左移，身微下势，劲向下煞。左拳转为顺缠，向前至于左膝前上方，拳眼向上；右拳继续逆缠至于右胯旁，拳眼向己。重心比例左七右三，身体面向东南。（图211）

图211

【要领·技击含义】

1. 双臂开合，均须走出胸背折叠，与此前所有类似动作要领相同。

2. 若对方将右腿别于我左腿后，同时以右臂向后搬我，欲使我仰倒，则我可趁对方劲将发未发之际，以右腿逆缠（以脚掌为轴，脚跟外碾），螺旋错动对方之腿，同时以头领身，向左转体，右肩臂逆缠滚动作用于对方躯体，则可化去对方攻势，反令对方仰面倒卧于脚下。头、身、腿、臂，须协调配合，完整一气。

【释名】

此式原名"铺地鸡"或"铺地锦"。"锦"即锦鸡，是一种长有华丽羽毛和长尾的野生雉科动物，其脚爪劲利、喜爱打斗。明代二品文官的朝服补子上，绣的便是锦鸡，因为古人认为它兼有文采与勇武的德行，是君子的楷模。后将此式改为"雀地龙"，"雀"为鸟雀之一种，此种鸟类喜食昆虫蚯蚓，蚯蚓又名"地龙"。鸟吃蚯蚓时，其嘴喙须向地面叨啄，故用以形容此式劲势方向。也有将"雀地"解为雀跃于地面，意为贴地运行，"龙"为走出龙形、龙身者，可备为一说。

第七十八式　上步七星

【动作分解】

1. 身微左转，重心移至左脚，右脚蹬地向前（东南）上步。同时右拳先顺缠收于腰际，随即逆缠向前冲出，右拳、右脚同时到位，左拳与之交叉合于体前，拳眼朝上，左拳在上、右拳在下。重心比例右六左四，身体面向正东。（图212）

2. 以腕部交叉点为轴，内扣双拳，同时重心后坐于左腿，右脚掌抬起。（图213）

3. 随即双拳变掌，重心前移，右脚掌落地的同时，外展双掌。（图214、图215）

图212

图213

图214

图215

【要领·技击含义】

1. 此式第1动上步要猛，要有扑出一步的感觉，以势领拳，拳随势出。

2. 若敌双手拿我双腕，则可以此式内扣、外展的转动，来解脱双手。须注意用身体合住劲，不要只转手臂。

【释名】

关于此式名称，"上步"二字没有任何争论，关键在"七星"二字，众说纷纭，不一而足。也有说应为"上步骑鲸"，与后一式"退步跨虎"正好相对，一为山中王，一为海中尊。鲸鱼体型庞大，故欲骑上，架势稍高；猛虎则相对低矮，二路拳中有"伏虎"一式，皆要势向下煞。此种说法，或有助于理解动作含义。

第七十九式　退步跨虎

【动作分解】

1. 右脚蹬地向后撤步，以左脚掌为轴转体，面向正南，成正马步。双掌双逆缠，分向两侧斜下后方击出，劲达掌缘外侧。（图216）

2. 重心右移，收左脚成左虚步。双掌双顺缠，自两侧向上，随即双逆缠，合于体前。左掌在前，右掌在后。（图217）

图216

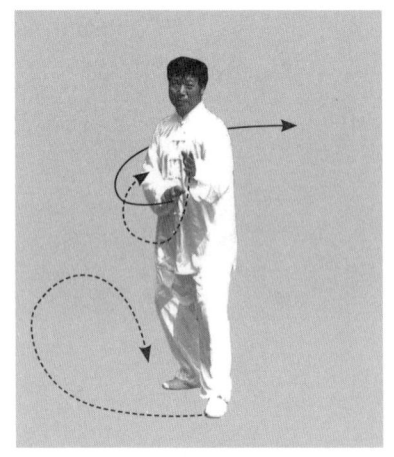

图217

【要领·技击含义】

1. 撤步转身，身步法俱要轻灵。到位后，劲势微向下煞。

2. 此式第1动，可分击两侧之敌裆部。

第八十式　转身双摆莲

【动作分解】

1. 双掌双逆缠，左掌向左下将带，右掌向前，以四指自左至右横扫，高与自己眉目相当。随即以右手领起左脚，以左脚领动身体，以右脚掌为轴，向右后方转体180°。左脚落于右脚左前方，重心略左移，双掌松垂，置于身体右侧，高不过肩。身体面向正北。（图218、图218附）

2. 重复第五十九式"摆莲跌叉"之第2动。（图219、图219附）

图218

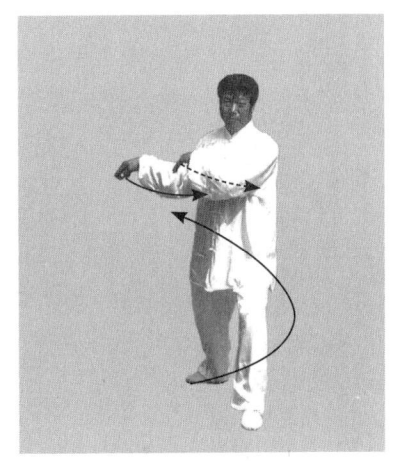

图218附

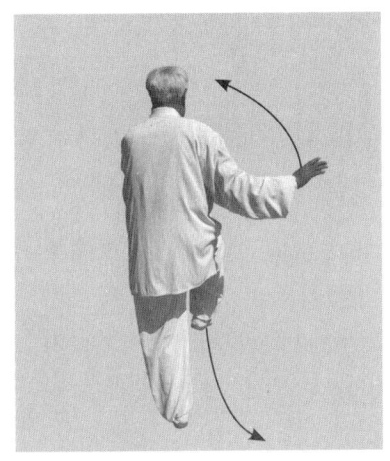

图219

图219附

【要领·技击含义】

1. 左掌向下捋带，为引化对方来手，同时右掌向前，扫其二目，并起左脚踢裆。

2. 转体时，须协调沉稳，不可呆板如端机关枪扫射。

第八十一式　当头炮

【动作分解】

1. 右脚向右后方（东南）撤步，同时双掌握拳，拳心向己。（图220、图220附）

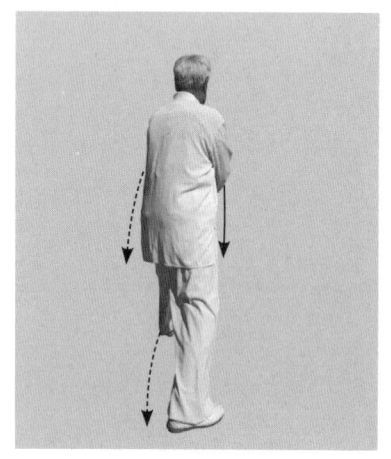

图220

图220附

2. 重心后移至右脚，收左脚于右脚旁，脚掌虚点地。同时双拳双顺缠，微蓄劲后向斜下方砸挂，至于腹前。（图221、图221附）

3. 左脚向左前方（西北）上步，右脚蹬、左腿撑，双拳向前冲击而出。左拳略在上在前，右拳略在下在后。重心比例左六右四，身体面向东北。（图222、图222附）

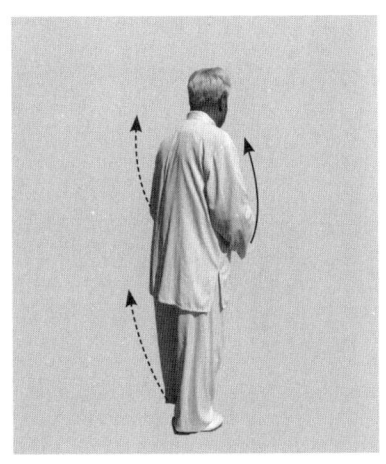

图221

图221附

图222

图222附

【要领·技击含义】

1. 此式整体依然是一种"挂打结合"的用法。

2. 步法须注意进必跟、退必随，进退灵活稳健。

3. 右脚蹬，是上山的劲；左脚撑，是下山的劲。劲，源于足，传于腿，主宰在腰，通过转换达于梢节。最后应打出松活弹抖的鞭梢劲，将劲力完整地输送到拳面上，并进而渗透至对方体内，而不要捆绑、僵化在自己身上，跟自己较劲。

4. 此式安排在本路拳的尾声之处，却是一个典型的发劲动作，所以当习练至此时，应当打出意气风发、气势如虹之感觉，将一股"心里劲儿"释放出来，从而将"拳由心发、拳以心达"体现得淋漓尽致。

第八十二式　金刚捣碓（4）

【动作分解】

1. 双拳变掌，右手提腕、左手坐腕，分向右上、左下打开。随即右手向后、向下、向前划弧撩掌，掌心向前。左手向前、向上划弧回收。（图223～图224附）

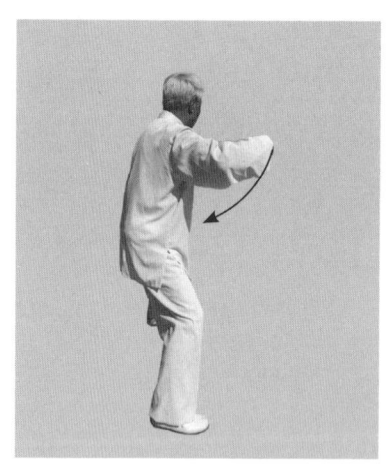

图223

图223附

图224

图224附

2. 以左脚掌为轴，身向右后转体，右脚收于左脚旁成虚步。同时右臂分向右上、左臂向左下划弧打开，身体面向正南。（图225、图226）

图225

图226

3. 右手继续向下划弧前撩，左手向前上划弧收于体前，以四指搭于右前臂上方。重复第二式"金刚捣碓"之第6、7动。（图227、图228）

图227

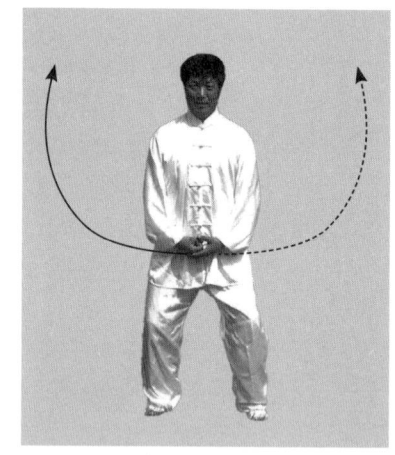

图228

【要领·技击含义】

1. 此式最后震脚合击，与上式"当头炮"均属于比较刚猛发劲的动作，因此被称作"武象"，而起势缓慢悠然、含而不露，则为"文象"。故本路拳是以文象始，而以武象终。

2. 可于此式之后，不做收势，接演二路拳。

第八十三式　收势（武象终）

【动作分解】

1. 右拳变掌，双掌劲如抽丝，以腕为领，分向身体两侧打开，至斜上方45°。（图229）

2. 双掌经体前下落，松垂于身体两侧，同时将左脚收于右脚旁。（图230）

3. 抱拳为礼。（图231）

图229

图230

图231

【要领】

1. 双臂打开时，深吸一口气；双臂下落时，深呼一口气。如感到气息翻腾、不能调匀，则不妨重复做几次收势动作，直待气机完全平稳。

2. 虽为收势，但不可懈怠，须立如青松，精神依旧提得起。

3. 传统抱拳礼，按照一般习惯，默认右手为主手，以左掌掩盖于右拳之上，表示息止干戈、不尚武力。右拳为空心拳，表示心中坦荡，未藏暗器。左掌大指屈折，表示自谦之德，若高挑而起则为自傲。四指并拢，表示四海同邻、四海之内皆兄弟。须注意的是，右拳拳心应向下，不可过分外翻成向前之态。拳眼当胸，不可过高过低。行礼之时不可趾高气扬，应不卑不亢，谦恭有礼，须带三分讷气。

拳照篇

北京陈式太极拳二路71式图谱①

第一式　起势

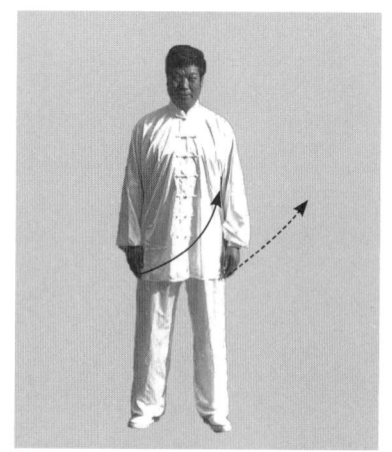

图1

图2

第二式　金刚捣碓（1）

图3

图4

---

①本路大部分示范拳照拍摄于2002年，少量补充拍摄于2021年。

图5

图6

图7

图8

图9

第三式 懒扎衣

图10

图11

图12

第四式　六封四闭

图13

图14

图15

图16

图17

第五式　单鞭

图18

图19

图20

图21

第六式　搬拦肘

图22

图23

图24

图25

图26

图27

第七式　护心捶

图28

图29

图30

图31

图31附

第八式　拗步斜行

图32

图33

图34

图35

图36

图36附

图37

图38

第九式　煞腰压肘

图39

图40

第十式　井缆直入（1）

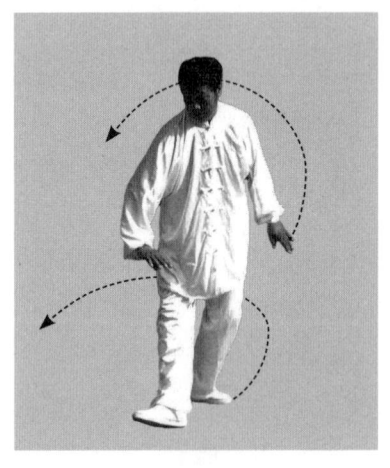

图41

图42

图42附

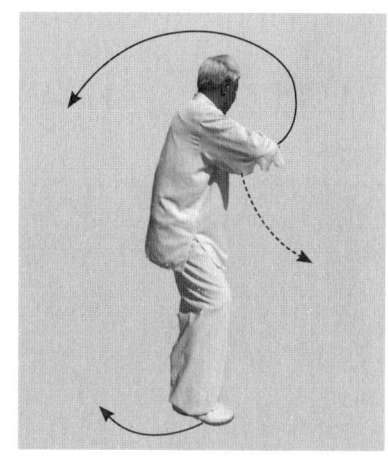

图43

图43附

第十一式 风扫梅花（1）

图44

第十二式　金刚捣碓（2）

图45

图46

第十三式　十字手

图47

图48

第十四式　披身捶

图49

图50

图51

图52

图53

第十五式　背折靠

图54

第十六式　撇身捶（1）

图55

图56

图57

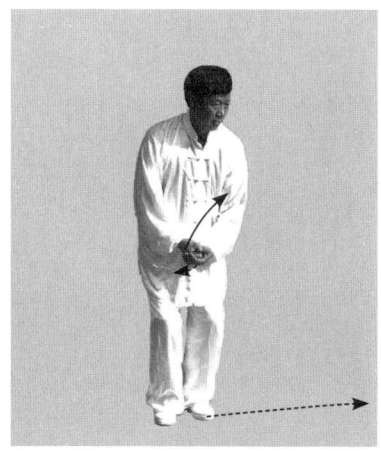

图58

图59

图60

第十七式　斩手（1）

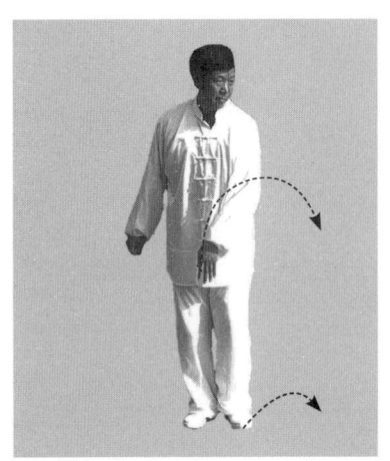

图61

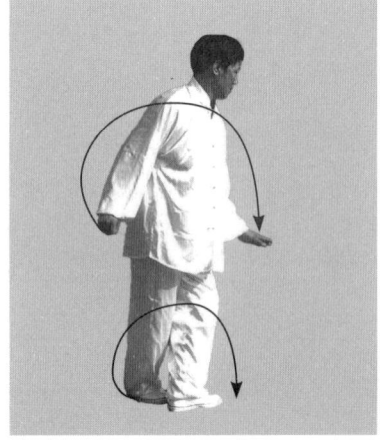

图62

图62附

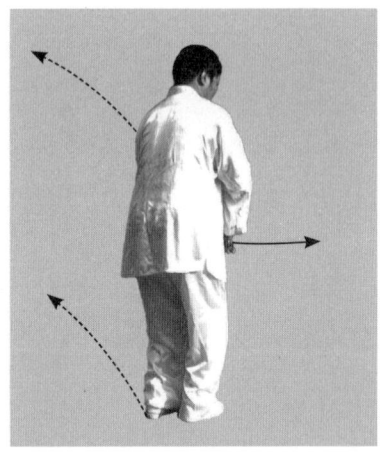

图63

图63附

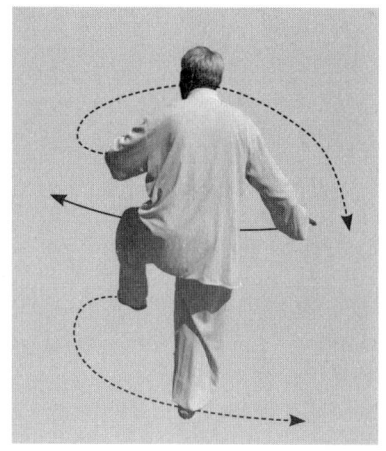

图64

图64附

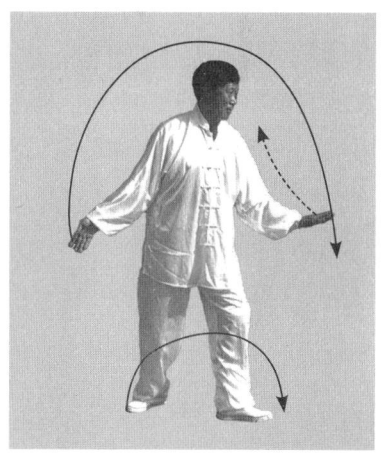

图65

图66

图66附

第十八式 翻花舞袖

图67

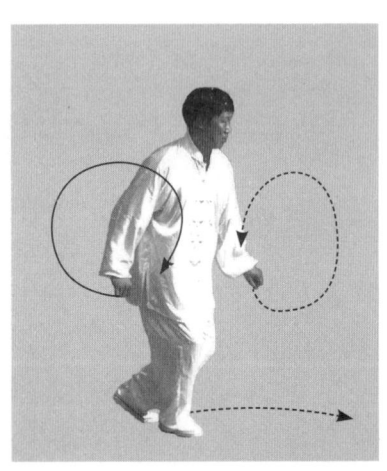

图68

第十九式　掩手肱捶（1）

图69

图70

第二十式　连环炮（1）

图71

图72

图73

第二十一式　飞步拗拦肘

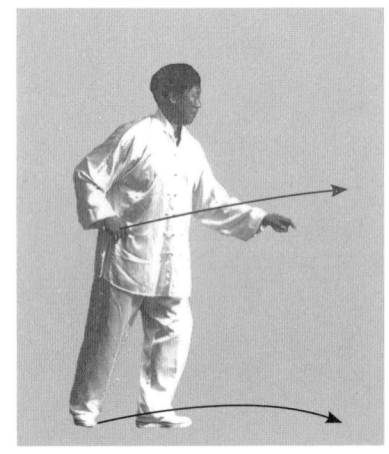

图74

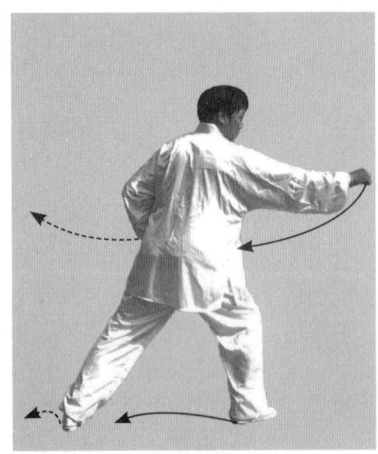

图75

图76

图77

第二十二式　右云手

图78

图79

图80

第二十三式 高探马（1）

图81

图82

图83

图84

第二十四式　左云手

图85

图86

图87

第二十五式　高探马（2）

图88

图89

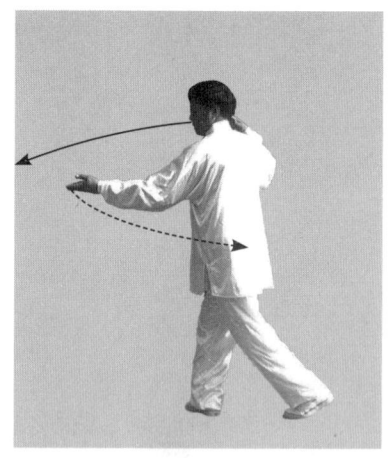

图90

图91

第二十六式　连珠炮

图92

图93

图94

图95

图96

第二十七式　左蹬一跟（1）

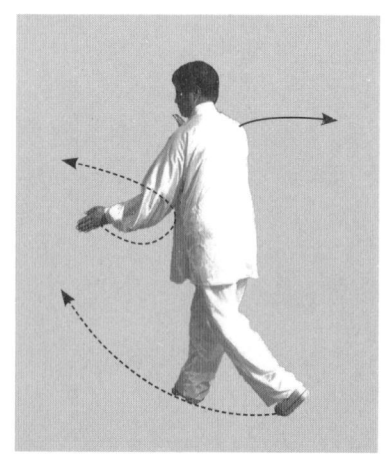

图97

图98

第二十八式　倒骑麟

图99

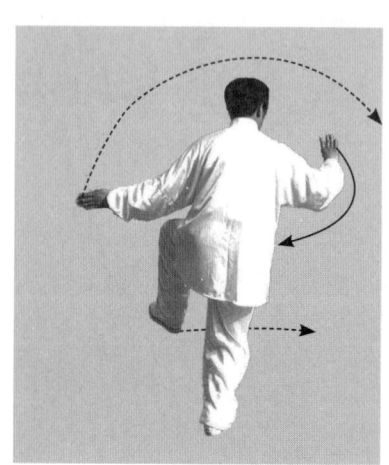

图100

图101

第二十九式　白蛇吐信

图102

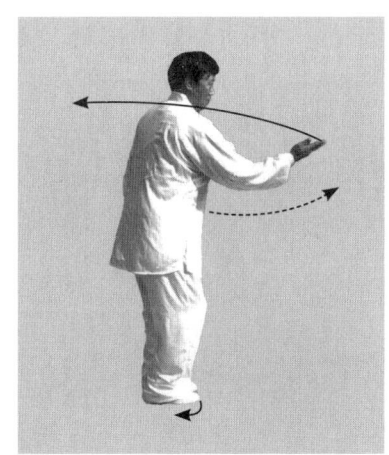

图103

图103附

第三十式　海底翻花（1）

图104

图105

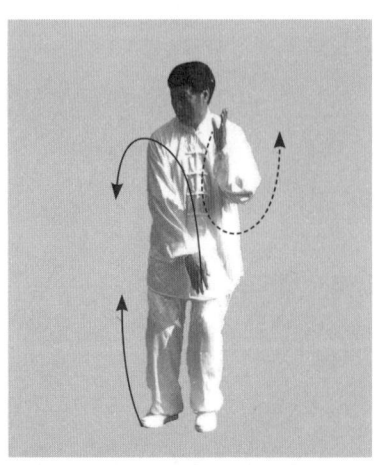

图106

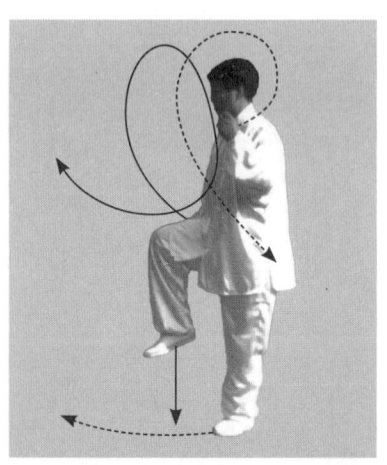

图107

图107附

第三十一式　掩手肱捶（2）

图108

第三十二式　转身六合

图109

图110

205

第三十三式　左裹鞭炮

图111

图112

图113

图114

第三十四式　右裹鞭炮

图115

第三十五式　兽头式

图116

图116附

图117

图118

第三十六式　劈架子

图119

图120

图121

图122

第三十七式　斩手（2）

图123

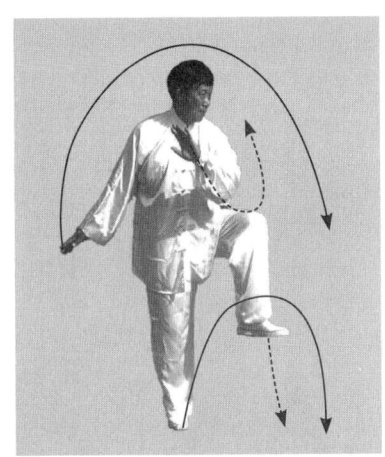

图124

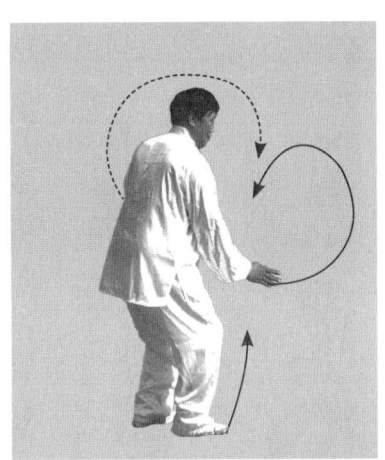

图125

图125附

第三十八式 掩手肱捶（3）

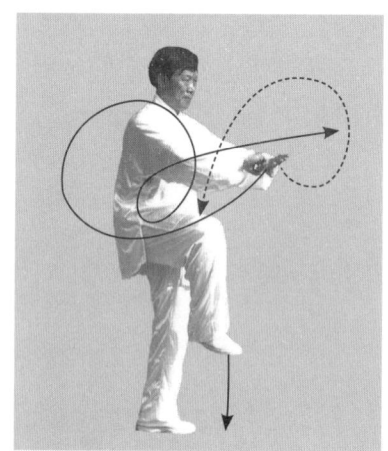

图126

图127

第三十九式 伏虎

图128

第四十式　抹眉肱

图129

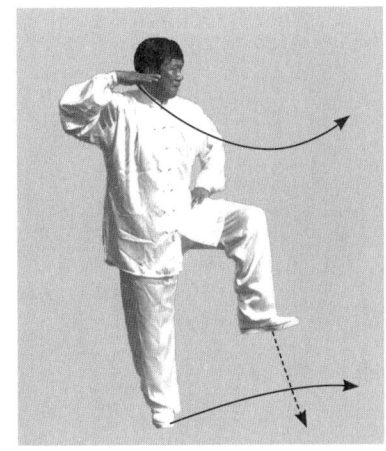

图130

第四十一式　玉女穿梭（1）

图131

图132

第四十二式　右黄龙三搅水

图133

图134

图135

图136

第四十三式　左黄龙三搅水

图137

第四十四式　左蹬一跟（2）

图138

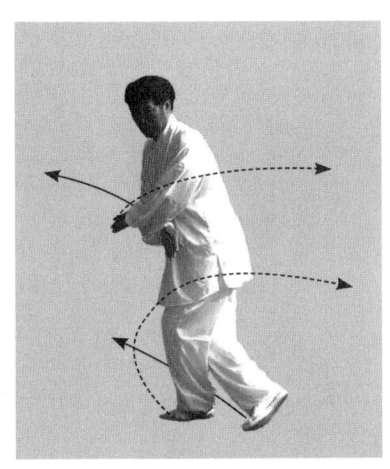

图139

图140

第四十五式　右蹬一跟

图141

第四十六式　海底翻花（2）

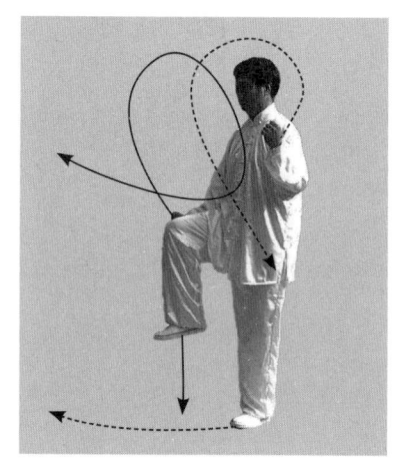

图142

第四十七式　掩手肱捶（4）

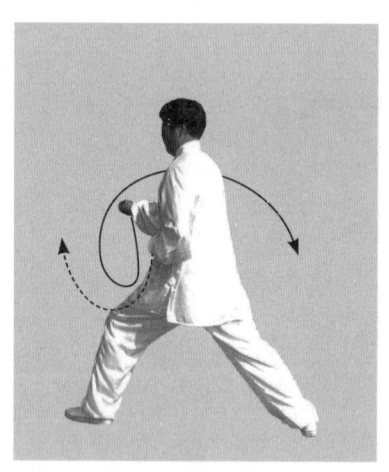

图143

第四十八式　转胫炮

图144

图145

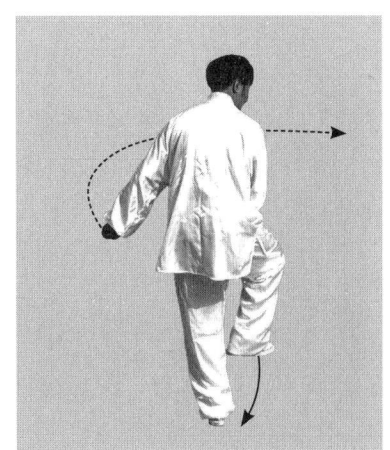

图146

图147

图148

图149

图150

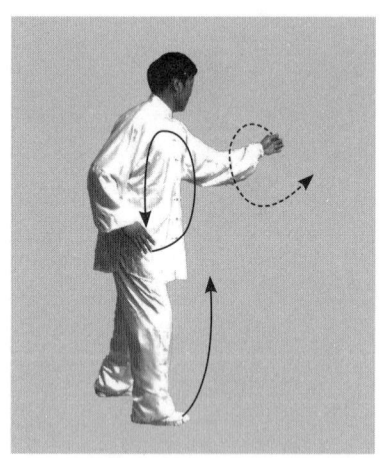

图151

图152

第四十九式　掩手肱捶（5）

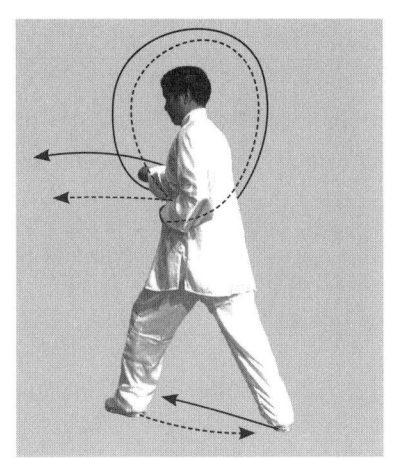

图153

第五十式　左冲

图154

第五十一式　右冲

图155

图156

图157

图158

第五十二式　倒插

图159

第五十三式　海底翻花（3）

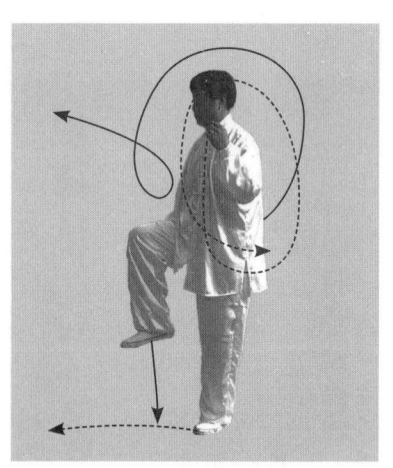

图160

第五十四式　掩手肱捶（6）

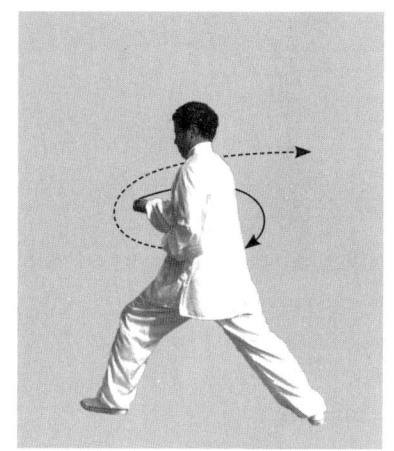

图161

第五十五式　夺二肱

图162

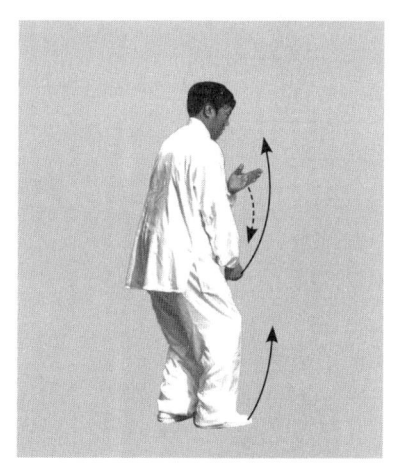

图163

图164

图165

图166

图167

图168

图169

图170

第五十六式　连环炮（2）

图171

图172

第五十七式　玉女穿梭（2）

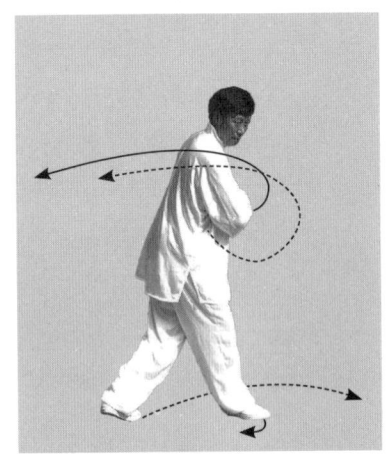

图173

图174

第五十八式　回头当门炮（1）

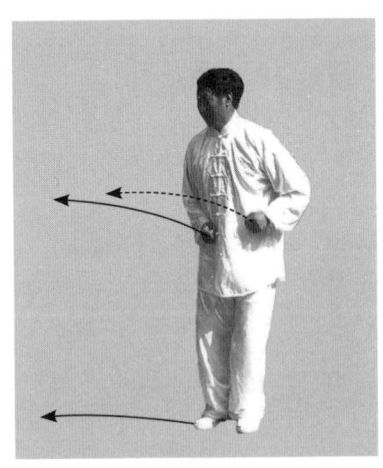

图175

图176

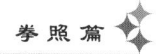

第五十九式　连环炮（3）

图177

图178

第六十式　玉女穿梭（3）

图179

图180

第六十一式　回头当门炮（2）

第六十二式　撇身捶（2）

图181

图182

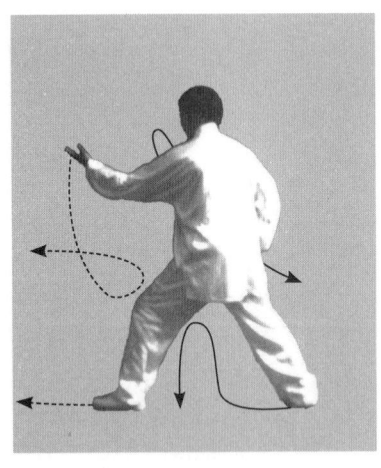

图183

图184

第六十三式　踢擦步

图185

图186

第六十四式　拗拦肘

图187

图188

图189

第六十五式　顺拦肘

图190

第六十六式　穿心肘

图191

第六十七式　窝里炮

图192

图193

图194

第六十八式　井缆直入（2）

图195

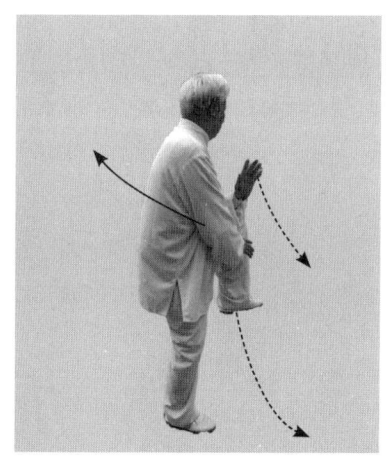

图196

图196附

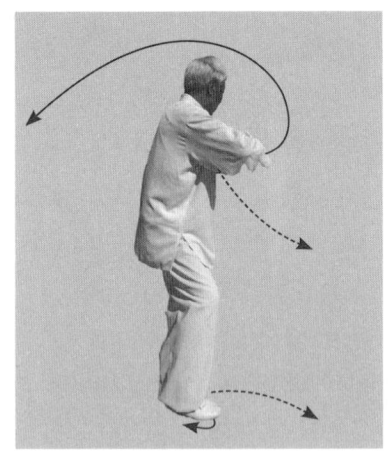

图197

图197附

第六十九式　风扫梅花（2）

图198

第七十式　金刚捣碓（3）

图199

图200

图201

第七十一式　收势

图202

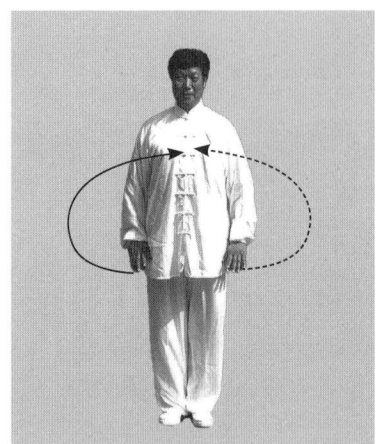

图203

抱拳行礼

图204

拳功篇

靠打桩

记录、整理/杨海建

靠打桩功法是田秋信老师独创的一种有效提高基本技击能力的训练方式，我通过偶然机会得见师父在教授师兄们习练靠打桩功法，便立刻认识到这是一种提升功夫功力的极佳训练方式，随即我便在住处附近栽了一棵桩，遂爱不释手，默默练习，潜心琢磨。每当心生困惑或略有心得，便向师父和师兄请教，反复验证，经过刻苦研习，终得些许进步。但我深知功夫之路无尽头、无边界，仍需无止的磨炼、思索、验证，同时，我也认识到如此好的训练方法不能埋没于荒草之间，于是将靠打桩功法进行归纳整理，并将其系统化、规范化，以不辜负武学先辈之宝贵财富和师父的谆谆教诲。

靠打桩功法是由套路到实战的一个桥梁，是帮助身体找到开合劲、整劲、鞭梢劲和渗透劲的有效训练途径，可以有机结合身体的整体性、协调性、连贯性和节奏性，通过长时间的练习和琢磨，可以提高速度、力度、密度、角度等基本技击能力，使身体的"劲儿"达到最小、最大、最佳释放，最终达到身体和精神的解放。

一、靠打桩功法概述

（一）桩简介

大多数拳种都有自己丰富的训练器械，器械训练是提高练习者功力的有效途径，可以提升力量、速度、力度、爆发力、耐力、协调性等基本身体素质，可以强化我们自身的本能、特点和特长，例如摔跤有大棒子、小棒子、石锁、皮条子、大杆子等，八卦掌有九宫桩、拳击有沙袋等。其中木桩功法受多个拳种青睐，除了常见木桩（图1），还有木人桩、十字桩等，每种桩都有自己的特点和特长，可以根据个人喜好和训练目的选择不同的桩，进而得到不一样的训练结果，练习者也可以充分利用各种桩的优势使自己的身体得到全面发展。因为本人时间和精力有限，只对这种桩法稍有练习，因此只对适用于此桩的练习方法进行介绍，为广大功夫爱好者提供参考。

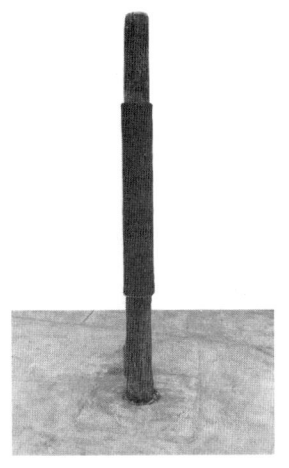

图1

1. 桩材的选择及相关问题

①材料：上下粗细均匀的抛光松木。

②长度：总长度约3m，埋入地下约1m。（图2）

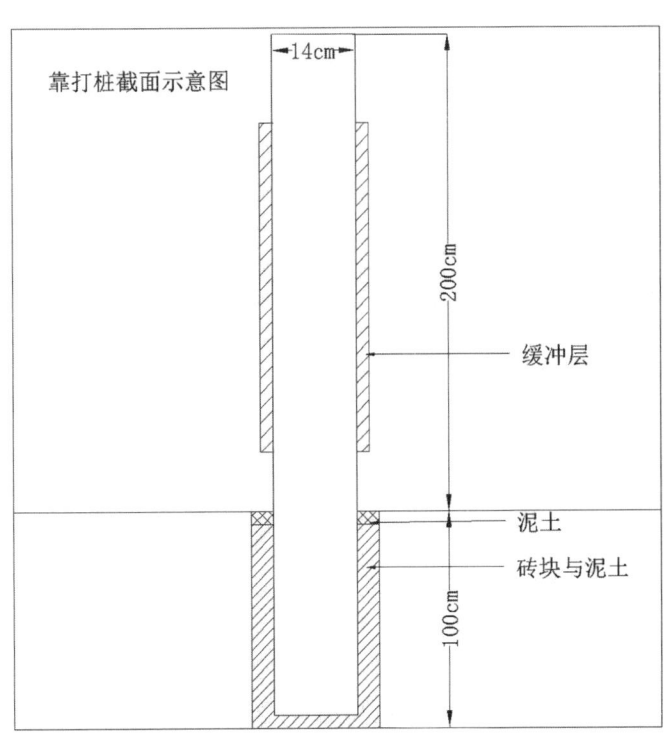

靠打桩截面示意图

⊢14cm⊣

200cm

缓冲层

泥土

砖块与泥土

100cm

图2

③缓冲层材料：棉质被褥、瑜伽垫、保温棉等均可，将其固定包裹在桩上，初期可略厚，可提升手感与体验度，后期可逐渐减薄。最外侧可包一层防雨材料，一般选用皮革。

2. 栽桩方法

①挖一直径约60cm、深度约80～90cm深坑。

②一人扶桩，一人填埋，木桩周围用碎石、砖块等塞紧、夯实（为了增加缓冲空隙，这一点非常重要），最后用泥土填埋至与周边地面平齐。

③适当摇动木桩，使桩与周围有约1cm缓冲空隙，空隙过大或过小都会影响靠打练习体验，切不可将木桩埋实而没有空隙余地，因为当我们靠打时，木桩与周围具有缓冲与弹性，可避免震伤身体。

3. 栽桩位置及注意事项

①宜选择幽静或偏僻地方。对于练习者而言，靠打桩是一个艰苦的训练过程，需要心无旁骛地反复琢磨练习，较为隐蔽的环境有利于集中精力；同时，练习过程中难免产生一些震动和声响，应避免影响他人。

②宜选择周围干净、平整的场地，避免其他泥土或石块在下雨或刮风天气时进入所预留的缝隙，使桩与周围土质空隙逐渐缩小，影响桩的反弹性。

③宜选择草丛较少的地方。夏季草丛茂盛的地方蚊蝇活跃，对练习者也是一个干扰，这个因素不可忽略。

④有些功夫爱好者会选择用种植的树木为桩进行靠打，其优点在于方便，但是树桩的缺点有二：其一，因为树桩根部固定，当靠打时对身体反震之力较大，有时用力过猛甚至会感到头晕目眩，不仅影响身体体验性，也容易震伤身体，容易打消我们练习的积极性。其二，树木往往会形成自然的弯曲度，即使外侧包裹缓冲材料，仍然会影响练习体验。故此本人建议尽量栽一棵木桩进行练习。

（二）练习步骤

这里的靠打桩练习步骤是为练习者介绍一个大致的过程。因为每个功夫爱好者受生活条件、教育背景、身体素质、功夫目标和外界环境等诸多因素影响，会有不同的入手角度和成长经历，任何武术家都不能对所有功夫爱好者提供适合所有人的有效训练方法和训练路线，因此这个训练过程仅供参考。采用归纳总结的思维方式也是从不同角度为功夫爱好者提供一个可行性更高的习练思路，供借鉴而已。（图3）

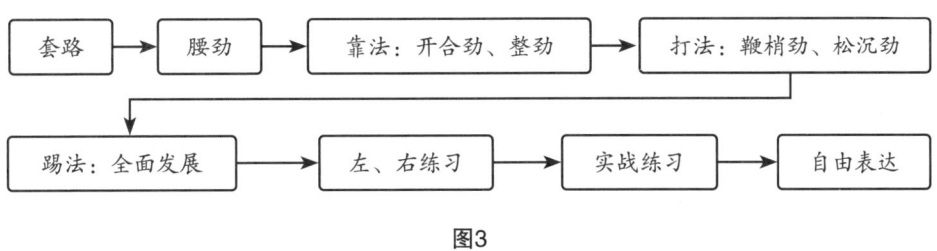

图3

下面对其做一个简要说明：

①大多数功夫套路只是对某些实战技巧的记录，在实际应用中并没有良好效果，因此在现实生活中直接运用套路中的招式并不现实。但是通过套路练习可以提高功夫习练者的身体协调性，可以找到"劲儿"，了解发力方式，达到"知己"之目的，学会使用腰劲是练习靠打桩的基础。当然，通过别的路径同样可以找到，殊途同归，顶级相通，不再赘述。

②当练习者找到腰劲之后，通过靠打桩中靠法动作找到身体的开合劲，比如胸靠的开胸合背，背靠开背合胸，找到和运用躯干的开合劲，是躯干求松的练习过程。练习靠打桩功法的靠法动作可以与套路中开合的动作结合练习，如太极拳中的八门手法，两者相辅相成，相互促进。另外，部分传统拳的招式和功力练习是割裂开的，所以仅仅套路练习并不是充分提高功夫的最佳途径，需要适当借助器械练习来增加习练者基本身体素质。靠打桩是集功力和招式于一体的训练方法，练、用一体，通过靠打桩靠法动作可以练习、提高身体躯干的松劲儿和整劲儿，因此靠打桩功法是有效提升功夫的一种较好训练方法。

③对靠打桩中的靠法充分理解和做到之后，通过练习靠打桩中的打法可以练习上肢的松，比如练习靠打桩中的双手轮换、掌根拍打桩动作可以练习以身为轴、以身带手的以速度为主的鞭梢劲和力度为主的松沉劲，习练者会

通过身体的间架结构发出高质量的拳劲；同时，练习者此时会自然地做到力从地起、转载于腰、以身带手的高质量套路了，功夫并不神秘，在于正确方法、刻苦练习和琢磨思考。

④通过靠法和打法练习，练习者对身体的开合劲、整劲、鞭梢劲和松沉劲有了更深理解，再通过踢法练习使身体工具得到全面发展。打法是练习上肢以身带手的松，同样踢法是练习下肢以身带腿的松，因为腿法练习需要很好的体能和柔韧性，习练者可根据具体情况选择性练习。腿法练习，其一可以练习腿部打击能力，其二可以提高步法灵活性——拳的灵魂在于步法。

⑤当我们通过练习靠打桩靠法、打法和踢法找到和练习右侧的肢体之后，有必要充分利用身体条件，对平时未能充分开发的左侧身体本能加以强化，通过右手教左手方式，提高左手、左腿灵活性。这个过程需要更多的时间和精力，这个过程充满痛苦和趣味。当练习者双手双腿使用游刃有余之时，会感到应用身体的真正自由。

⑥田老师曾经说："练功不练桩，见手就发慌"，练完桩的确可以在一定程度上提高基本技击水平，但是，靠打桩功法只是"知己"的习练过程，距离真正实战仍有较远距离，模拟实战或擂台比赛才是真正提高功夫的较好方式。所谓"功夫就是一横一竖"，因此建议习练者根据自己条件积极地参与实战练习，真正提高自己对功夫的理解和认识。

⑦最后，通往功夫的路上崎岖蜿蜒，妙趣横生，习练者需博采众长，殊途同归。通过长时间的身体和精神磨炼，每个人都会对功夫艺术有更深层次的理解和感悟，升华肢体和精神的表达，希望我们都能成为功夫的艺术家。

为了使读者对文字和图示内容有更加直观的认识，拍摄了系列讲解视频，讲解内容分三个步骤进行：

①对各个动作的技术要领进行边说明边示范。首先在室内桩上示范，因为室内桩示范效果的局限性和为了让读者看到更加客观的效果，本人另外附加室外靠打桩动作示范部分；

②由初期练习者做动作示范，本人对其不恰当的动作进行纠正；

③在打法和踢法中，提供活靶练习示范部分，作为参考。在实战部分秉承抛弃不切实际的花哨动作为理念，以简单、直接为主要展示思路，介绍各个动作实战简单用法。（图4）

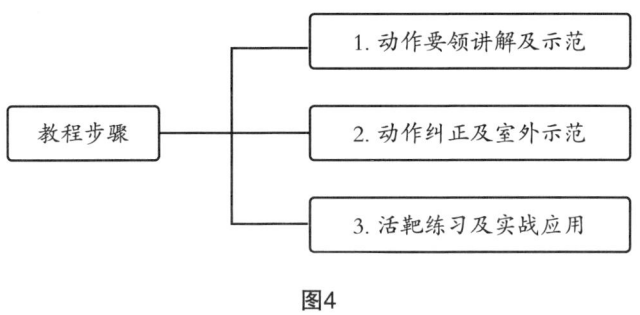

图4

（三）所需运用的身体部位（图5）

本文按照人体部位在桩上应用的分类方法把靠打桩技术做了系统化梳理，下面将从靠打桩的靠法、打法和踢法三种训练方式分别介绍。其中靠法可以应用的身体部位有4种：肩靠，胸靠，背靠、背折靠，肋腹胯臀靠；打法有7种：掌背、掌根、小鱼际、手指、拳峰、前臂、肘；踢法4种：脚背、脚尖、脚掌、脚跟。但是，这些只是基础动作用法，当充分掌握这些基本动作之后再加以应用，势必有效提高基本技击能力。这些动作只是在靠打桩上使用，根据不同训练器械，身体工具有不同的训练方式。（表1）

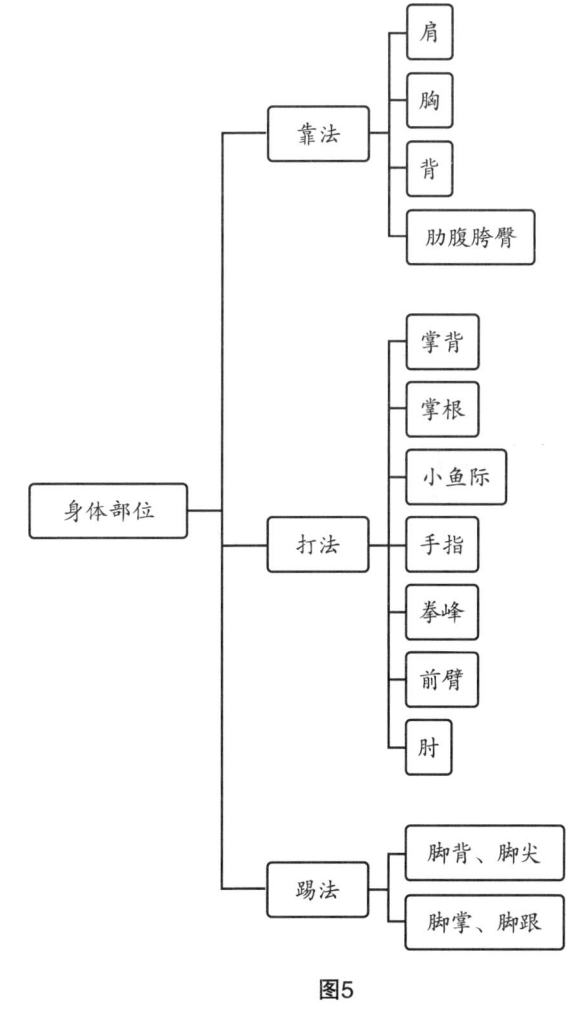

图5

表1　靠打桩练习中身体工具与"劲儿"的大致关系

	上肢														下肢	
	靠法							打法							踢法	
	肩	胸	背	肋	腹	胯	臀	掌背	掌根	小鱼际	手指	拳峰	前臂	肘	脚背（尖）	脚掌（根）
鞭梢劲								●	●	●	●	●		●	●	
松沉劲	●	●	●	●	●	●	●	●	●	●	●	●	●	●		●

打法和踢法均可以发出鞭梢劲和松沉劲，因为打法使用的手臂和踢法使用的腿更长。当以速度为目的使用时，以身带手，把手臂视为鞭子进行抽打，当以力度为目的使用时，手臂可以当做锤子把，以身带手，把拳头视为锤头打出松沉劲。腿法同理。靠法是使用距离躯干更近的身体部位如肩、胸、背、腹、肋、胯和臀，作用距离短，只能通过身体躯干或脊柱的折叠发力，因此主要打出松沉劲，属于近距离技击动作，使用整个身体的惯性力和肌肉合力进行打击。

划分鞭梢劲和松沉劲是为了方便练习者学习而简化，在练习和使用过程中并无本质区别，都是身体松的一种表现形式，另外，这种划分并非区分传统功夫和现代搏击，其本质都是达到力的最大利用和释放。为了简化分类，有些动作技击名称划分为某一大类，有些技击动作一般不称为打，比如掌背用鞭梢劲时称作撩或抽，小鱼际使用时一般叫作砍或斩，但都属于是打法的应用。

二、靠打桩功法核心操作

（一）靠法

靠打桩中的靠法动作主要是找到身体开合劲和整劲的过程，是将身体的惯性力与蹬地转腰的身体开合劲合一的过程。

1.肩部

【动作说明】

肩靠动作大致有四个训练过程，第一步找到腰劲，第二步找到撞劲，第三步找到靠劲，第四步找到靠打劲，在北京陈式太极拳一路"懒扎衣"式中有所体现。

①腰劲，即腰似鞭杆手似鞭，蹬地转腰、以腰催手打出来的劲。至于如何找到腰劲，每个人情况不同，所需时间和使用方式也不同，如可通过北京陈式太极拳一路中的"青龙出水"等发力动作，具体过程因人而异。

②撞劲是身体发力时不需要控制自己重心，像撞钟的钟捶，用整个身体的惯性力撞在桩上，撞劲是靠劲基础。

③靠劲是既有发射出去的撞劲，又有像刹车似的收敛劲，不仅要利用身体的惯性力又要控制自己的重心。

④靠打劲是在靠劲基础上，在对象接触点进行作用力时间、距离、方向的变化。

这四个劲，腰劲是撞劲的基础，撞劲是靠劲的基础，靠劲是靠打劲的基础，层层递进，循序渐进。肩靠是练靠法的基础动作，需要练习者耐心地不断练习、不断试探、不断琢磨。

【动作要领】

肩靠动作在桩上主要有两个练习方法：

图6

①肩靠打，前脚超过桩的重心，自己重心在后，目的在于控制自己重心。例如，在推手比赛过程中，我方使用肩靠，目的是把对方靠出去，但自己重心要稳固。蹬地、转腰、扣胯，脚右捻，肩内扣，用肩部打出松沉、螺旋钻劲儿。（图6）

②肩靠摔。同样前脚超过桩重心，自己重心在后，脚外捻，肩内扣。肩靠摔需要有两个支点，一个支点是用大腿外侧打出崩劲，另一个支点是肩部，蹬地、崩腿、拧腰、扣肩，使身体打出螺旋合劲。（图7）

③在桩上练习时，使用肩部的三角肌，在实际应用中使用肩峰，因为肩峰面积小、压强大，打击强度更大。（图8、图9）

图7

图8

图9

2. 胸部

【动作说明】

胸靠动作是开胸合背过程的生动体现，练习初期需要刻意练习开胸合背动作，例如北京陈式太极拳二路中的"裹鞭炮"动作，初期用较轻的劲儿靠桩，找胸与桩的距离感，即身体在与桩接触的同时瞬间发力，而不产生过大震荡的距离，当找好距离感之后，逐渐加大力度，找开胸合背的靠劲。在练习后期，无论是开胸合背还是开背合胸均可以打出胸靠劲。胸靠没有肩靠使用率高，也没有肩靠威力大，但是练习胸靠动作有助于练习开胸合背的身体开合劲，从而有利于套路练习。

【动作要领】

前脚超过桩的重心，自己重心在后，开胸合背，做到身体的惯性力与身体合力合一。（图10）实战应用。（图11）

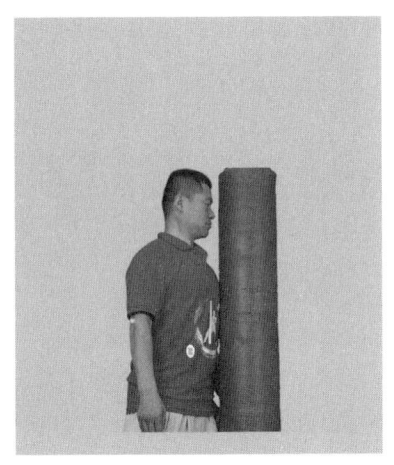

图10

图11

3.背部

【动作说明】

①背靠动作是开背合胸的生动体现，如北京陈式太极拳一路中"背折靠"式，背靠动作是通过脊柱的折叠靠出开合劲，难度较大，需要在肩靠和胸靠熟练基础之上再练习。

②虽然背靠发出的劲力较大，但是不建议读者练习时用力过猛，适当找到背靠劲即可。原因有二：第一，背靠使用率较低，在实际遇到危险情况时使用背靠比较困难，因为使用背靠时机不好把握；第二，人体部分内脏悬于

后背，用力过猛会震荡内脏，对身体不利，不可以因为锻炼身体而起到相反效果。但是练习背靠动作可以找到并锻炼身体开背合胸的劲儿，知道背靠劲是如何发出来的也有利于套路练习，所以练习背靠时适当发力即可。

【动作要领】

①在练习背靠初期，双手手背在前面紧贴在一起，目的是使后背凸出，凸出来的后背靠在桩上如同钟捶撞钟，但是要有类似刹车劲来控制自己的重心，后脚超过桩的重心，自己重心在前。其发力方式为身体惯性和脊柱折叠的合劲做到合一，因此背靠威力较大。在练习后期，不需要刻意双手背相贴，直接通过脊柱折叠就可以使后背凸出，打出背靠崩劲儿。（图12）

②身体与桩接触部位为胸椎与腰椎接壤处的脊柱两侧肌肉，绝非脊柱，请读者切记。（图13）

图12

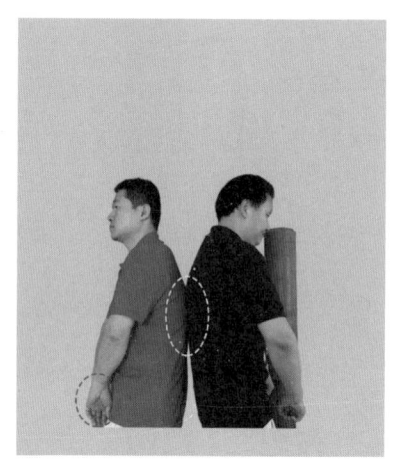

图13

4.肋腹胯臀部

【动作说明】

因为肋靠、腹靠、胯靠和臀靠几个靠法动作有诸多共性，所以把它们放在一起说明。这几种靠法在实战中使用率和威慑力较低，但是通过练习可以强化人体躯干折叠的开合劲，同时也可以增加身体抗击打能力和胯部灵活性。

【动作要领】

①初期练习是先找到相应部位和桩的距离感，用轻点儿的劲儿磨桩，当掌握好距离感之后，适当加大力度。

②腹肋靠要领与肩靠、胸靠一样，同样是抢对方重心，前脚超过桩的重心，自己重心在后（图14），通过上身躯干的开合折叠打出崩劲；胯靠要上身松沉，是身体平移的惯性力与身体合力做到合一过程。（图15）

③实战应用。（图16、图17）

图14

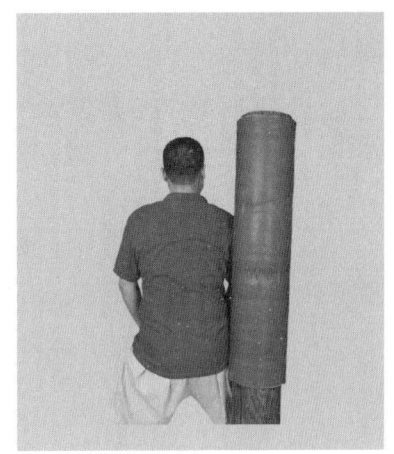

图15

图16

图17

（二）打法

靠打桩中的打法是练习和强化上肢、以身带手的鞭梢劲和松沉劲的过程。

①打法作用力方向可简化为"米"字的横、竖、撇、捺和中心点各自的正向、反向的十个方向。例如，横向有从右往左和从左往右两个相反方向，在身体上表现为开背合胸和开胸合背的横向劲，这也是建议读者多练习胸靠、肋腹胯臀靠的原因，虽然实际使用率较低，但是以身带手的打法就是身体开合的表现，下面讲解打法作用力方向时，主要从米字上考虑。

②另外，实战过程中使用打法是一个连续的过程，是不同动作组合的运用，在读者熟悉基本动作之后，可以自由组合练习，例如以身带手连续攻击，左手格挡顺势右手攻击，或不同角度、不同动作结合使用。

③在动作示范过程中，有些动作是一只手格挡，另一只手攻击，有些拳友会认为格挡比较困难，或者这些动作实际应用并不现实，而作者认为这个是快打慢、大打小、有意识打无意识、不断熟练的过程，水无常势、法无定法，作者在这里只是介绍部分打法的用法，至于如何应用和应用到什么程度，因人而异，读者可以通过长时间琢磨练习找到自己的优势并将其发挥到极致。

靠打桩上练习的打法主要是上肢的身体部位，包括手、前臂、肘。其中手的用法包括掌背、掌根、小鱼际、手指、拳峰等。

1. 掌背

【动作说明】

如前文所述，打法主要是为了找到并应用鞭梢劲和松沉劲，鞭梢劲和松沉劲都是松的不同表现形式。练习手背时，肩、肘、手腕都要放松，放松不是想象出来的结果，需要刻苦练习，且无止境，是从起点到落点不断优化中间环节的过程。

松的程度和感觉有两个判断方式：①松的程度不同，打桩的声音也不同，越是放松，打桩声音越是扎实、浑厚。②左手和右手打桩时的感觉不同，我们大多数人右手强于左手，所以根据打桩时左右手感觉的区别可以判断放松程度。

【动作要领】

①按照作用力方向划分，在桩上有三种练习方式：

a. 横向捌砸，即"裹鞭炮"动作。（图18）

b. 竖直方向上撩，如陈式太极拳中"金刚捣碓"上步撩裆动作。（图19）

c. 反手下砸，即"闪通背"动作（图20）。其要领是蹬地、转腰、以身带手，腰似鞭杆、手臂似鞭、拳似锤，肩、肘、手腕都要放松，力达梢节。

图18

图19

图20

245

②实战应用：捌砸、上撩、下砸。（图21～图24）。

图21

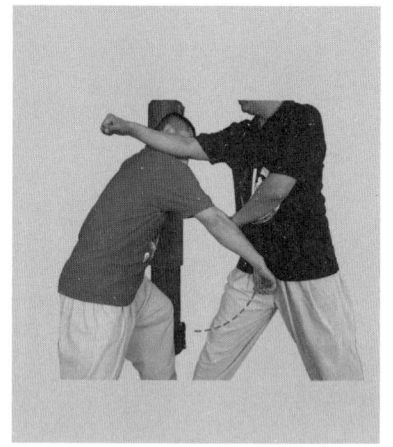

图22

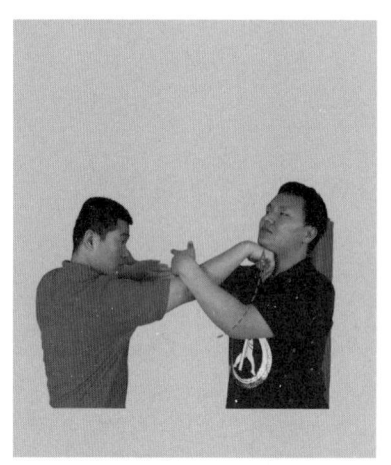

图23

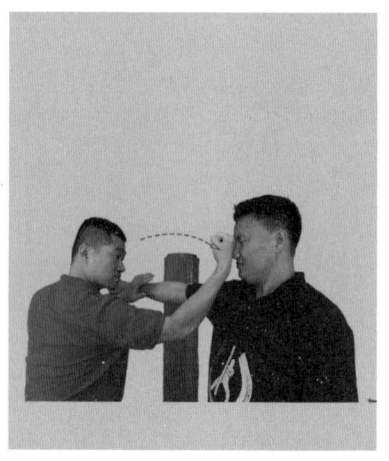

图24

2. 掌根

【动作说明】

根据发力不同，掌根部位可以发出以速度为主的鞭梢劲和以力度为主的松沉劲。

【动作要领】

①根据作用力方向不同，在桩上可以练习三个基本动作：

a.横向主要练习拍打，注意，练习者在桩上练习时，使用部位是掌骨骨根部位，如图25所示第二条虚线处，因为使用掌心（第二条虚线）拍击时对身体肾脏有害，用手腕与掌根接壤处小骨头（第三条虚线）拍击会伤及手腕，这是武学前辈的宝贵经验，读者练习时一定要注意。（图25）

图25

b.竖直方向可以练习上锉、下拍两个动作，上锉、下拍同样是掌根处发力，蹬地、转腰、力达掌根。（图26）

c.中心方向可以练习塌掌，榻掌要做到沾衣而发，一触即发，一发即收，如田老师所说"动贵短，劲贵长，意贵远"，动贵短即作用力距离短，劲贵长即打出穿透劲，意贵远即把作用力落点落在远方。（图27）

图26

图27

②实战应用：横向拍击、竖向托天掌、拍击、中心方向塌掌。（图28～图31）

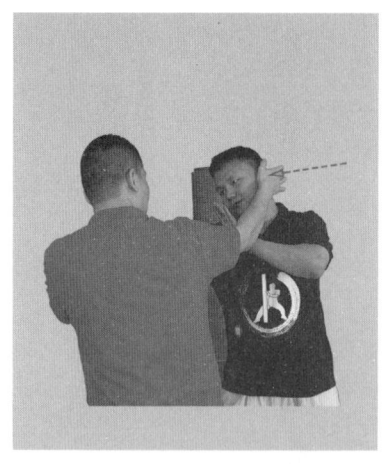

图28

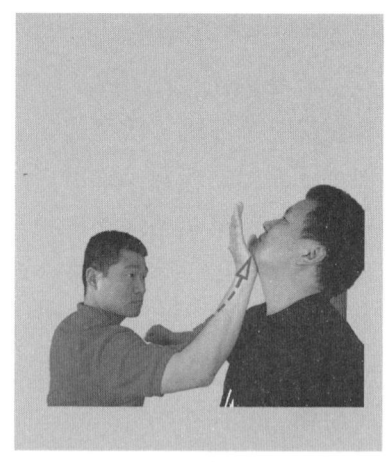

图29

图30

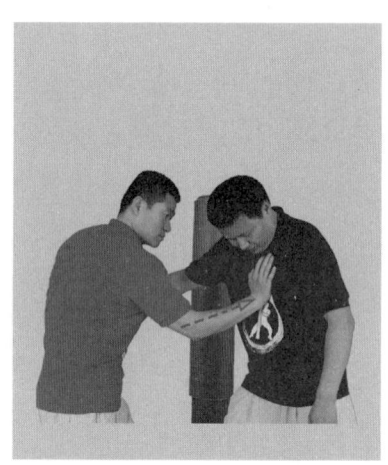

图31

3. 小鱼际

【动作说明】

①小鱼际部位主要作用是劈砍，主要是发松沉劲。

②小鱼际砍击动作着力部位是小鱼际肌肉，而不是骨头，请练习者注意。

【动作要领】

①根据作用力方向不同，在桩上主要练习以下动作：

a. 正砍、反砍、下劈动作，可以打出开背合胸的短劲，也可以打出以身带手的长劲，打击目标是对方颈部或头部。（图32～图34）

b. 斜挫动作是双手的对拉劲，出左手拉右手，出右手拉左手，挫击目标是对方颈部，斜挫动作如图32斜向箭头所示。

图32

图33

图34

c. 小鱼际砍击时，同样是蹬地、转腰，以身为轴、以身带手、以肘为圆心划弧，前臂像锤子把，手像锤子，肘关节放松，打出渗透劲。

②实战应用：正砍、反砍、下劈、斜挫。（图35～图38）

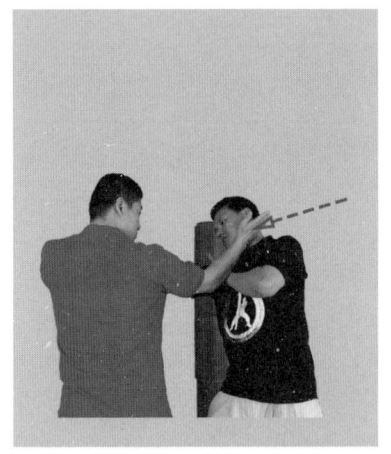

图35

图36

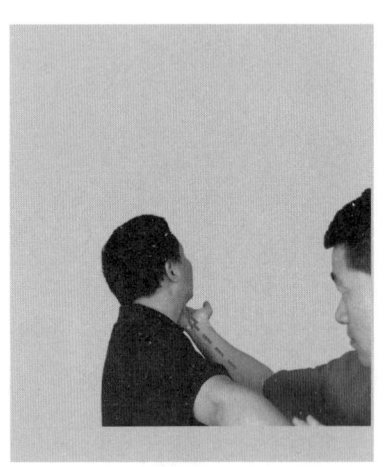

图37

图38

4. 手指

【动作说明】

练习手指抽、撩动作时，松的程度不同，打桩的声音也不同。左右手同时练习，右手熟练后教左手，通过正确的方法，拳练万遍，功到自然成。

【动作要领】

①手指中节部分可以使用动作包括正手抽、反手撩，右手正抽时，蹬右

脚，向左旋转；右手反手撩时，蹬左脚，向右旋转。手指的抽、撩动作主要是打鞭梢劲，蹬地、转腰、以身带手，以肘为圆心划弧，肩、臂、肘、腕都要松，自然弯曲，手指视为鞭子的梢节。（图39、图40）

图39   图40

②手指指尖部分可以使用插的动作，包括正手插和反手插，练习插动作时手指要放松，初期练习时要用小劲儿磨桩，逐渐增加手指的承受强度，后期逐渐加大力度，如北京陈式太极拳二路"白蛇吐信"式。（图41）

图41

③整个手指部分可以拉桩，包括正手拉和反手拉。以身带手，向右拉时松右胯，向左拉时松左胯。在练习和使用拉桩动作时需要配合其他技击动作，如：正手拉桩加肘击，反手拉桩加膝击，连贯动作一气呵成。（图42）

④实战应用：正手抽、反手撩、正手插、反手插、插肋。（图43～图47）

图42

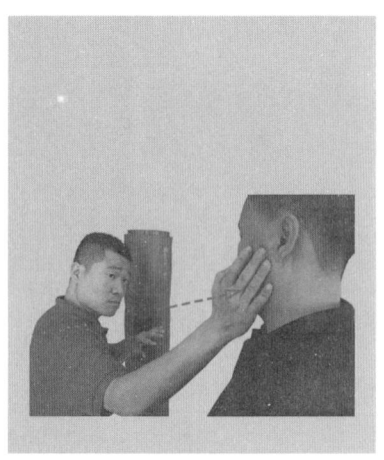

图43

图44

图45

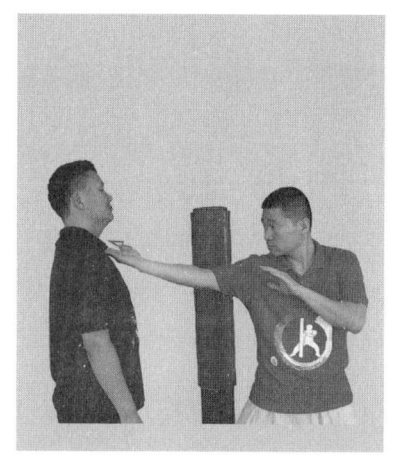

图46

图47

5. 拳峰

【动作说明】

①通过前面的靠法、打法练习之后，对整劲和开合劲有了一定的了解和切身感受后，可知反复练习不同动作都是为了松、活，练习拳峰动作同样是追求松活，有了松活才能利用身体间架结构打出高质量的拳，不论现代搏击还是传统武术，在这个目的上是一致的。拳峰的使用是身体的一松一整，一开一合，一进一出，做到劲儿的最大释放。拳峰同样可以打出鞭梢劲和松沉劲。

②从"米"字作用力方向划分，拳峰主要练习直拳、勾拳、摆拳。不论直拳、勾拳还是摆拳，发力方式都相同，都是以身带手、蹬地、转腰、力达拳峰，当身体放松之后，打出任何方向的拳都有很大威慑力。拳峰使用率较高，打击力度较大，动作简单，但是越简单，越实用，越需要反复练习。初期练习定靶，后期练习活靶，最后练习实战，不断提高综合技击水平。现代搏击在拳峰利用上已经达到非常高的水平，可以学习借鉴，但是，每个人练习目的、身体条件、生活环境不同，不必照搬，找到自己想要的东西即可。

【动作要领】

①拳峰在桩上主要练习三个动作：

a. 直拳：前臂外侧延长线与手腕、拳峰一条直线。练习时，如果手腕太内扣和外掰都会伤手腕，请读者切记。建议打桩时戴上散打手套以保护手腕。直拳打鞭梢劲就是刺拳，以速度为主；打松沉劲就是重击拳，以力量为主。前腿撑，后腿蹬，送肩催肘，将蹬地而出的力通过转腰送达拳峰，拳沿直线而出。直拳其他动作的体现方式比如八极拳中撑锤、形意拳中的崩拳、咏春拳中的冲捶等动作，其目的都是通过松打出身体间架结构的松透劲。（图48、图49）

图48

图49

b. 摆拳：上臂与前臂成90°到120°夹角，拳内扣，拳心向下，同样蹬地转腰，以身为轴，以身带手，力达拳峰。（图50）

c. 勾拳：同样是蹬地、转腰、扣膝、合胯、力达拳峰，拳心向里、拳面向上，肘贴肋而出，作用力方向是斜上方，勾击对方肋部或下巴。（图51）

图50

图51

②实战应用：摆拳、勾拳、直拳、掩手肱捶。（图52～图55）

图52

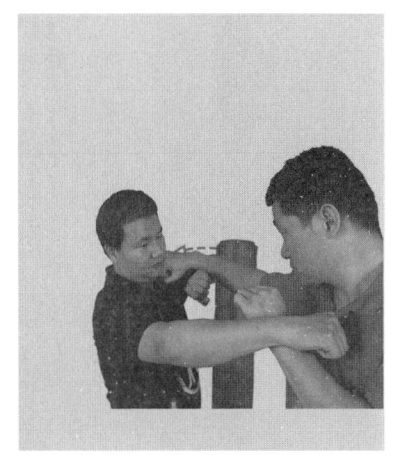

图53

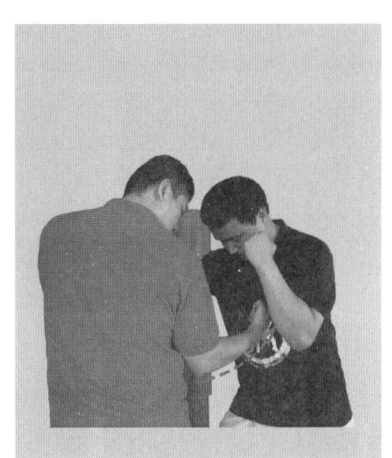

图54

图55

6. 前臂

【动作说明】

通过前臂磕桩练习可以增加前臂肌肉密度，增加前臂抗击打能力和灵活性。

【动作要领】

①前臂在桩上可以练习以下动作：

a. 为了更加清楚地说明动作名称，在此借用咏春拳中的动作名称，包括摊手、捆（绑、膀）手和伏手。请读者注意，在练习时，要使用前臂内、外侧的平面打桩，而不是用尺骨、桡骨的棱。发力方式同样是手臂放松，以身带手。初期练习时，使用较小的劲儿磨桩，后期逐渐加大力度、加快速度，双手同时练习。（图56、图57）

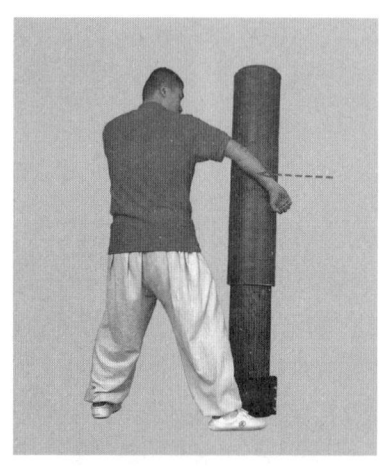

图56

图57

b. 前臂可以用来防守和打击。前臂做防守使用时需要配合其他攻击动作，即攻防一体、化打合一，例如左手格挡，顺势带出右手进行攻击（图58）。前臂作为打击使用时，开背合胸，使用前臂内侧进行打击，属于近距离缠斗使用动作。

②实战应用：前臂内侧打击、捆手、摊手加打手。（图59～图61）

图58

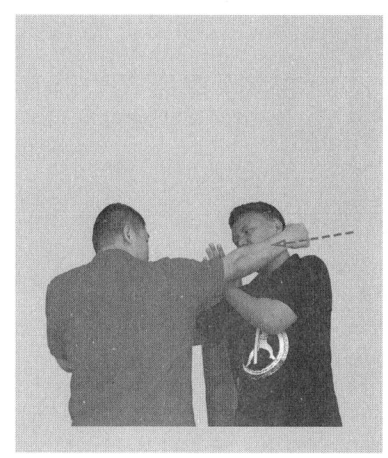

图59

图60

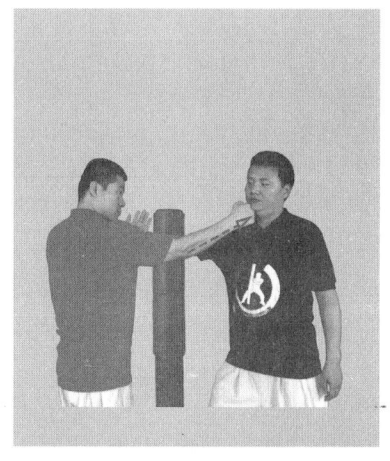

图61

7. 肘

【动作说明】

①肘尖受力面积小，压强大，穿透力强，所以打桩时要松，建议练习者使用肘尖旁边肌肉练习，否则容易伤肘。但是在实战中用肘尖打击才有足够的杀伤力。肘的作用力距离较短，可以开背合胸打短劲，也可以以身带手打

长劲，如北京陈式太极拳二路"拗拦肘""顺拦肘""穿心肘"式，双手同时练习。

②远拳近肘贴身靠，肘的威力较大，速度较快，猝不及防，一定把握好与敌方的距离。

【动作要领】

①根据作用力方向，在桩上主要练习以下动作：

a. 横向平肘，包括正向平肘和反向平肘。平肘第一种发力方式是以身为轴、以身带手打长劲，第二种发力方式是开背合胸、以肩催肘打短劲，拳心向外使肘尖凸出。（图62）

b. 竖向可以练习挑肘和砸肘，挑肘主要攻击人体中线，挑肘发力方式是双手对拉劲儿，砸肘挑肘开背合胸。（图63、图64）

图62

图63

图64

c. 斜方向练习勾肘，发力方式同勾拳类似，蹬地、转腰、发出身体的整劲，力达肘尖。（图65）

d. 中心方向主要练习穿心肘，开背合胸，打出短劲，主要攻击对方胸部。（图66）

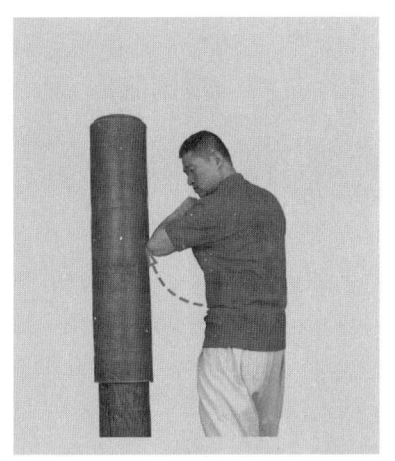

图65

图66

②实战应用：平肘、挑肘、砸肘、勾肘、穿心肘。（图67～图71）

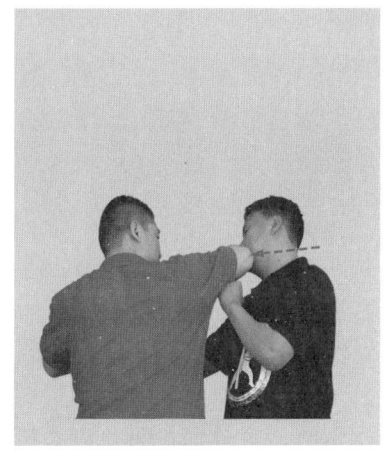

图67

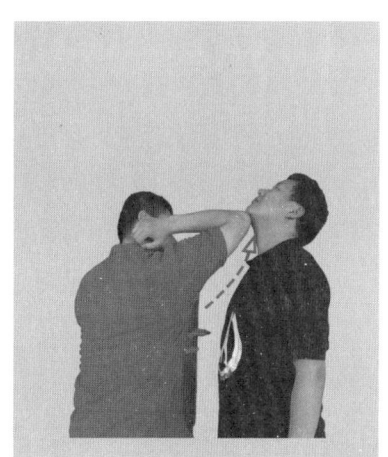

图68

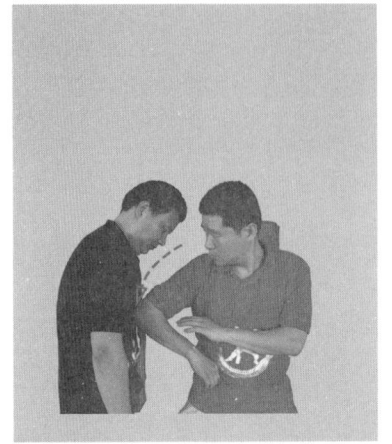

图69

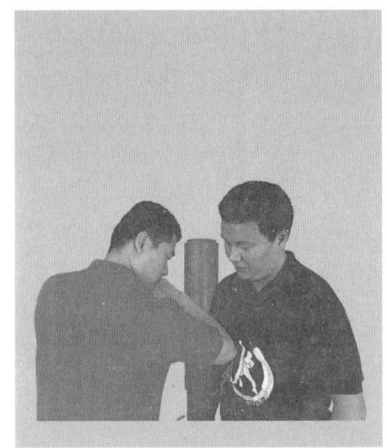

图70

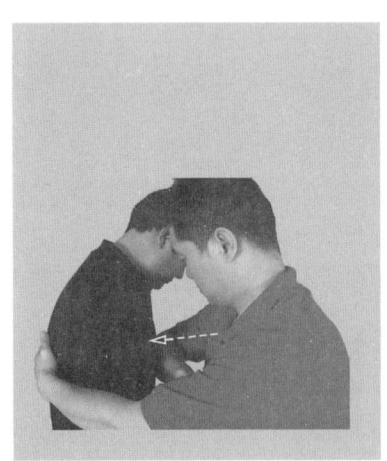

图71

（三）踢法

靠打桩中的踢法动作也是身体求松的一个过程，同打法发力类似，蹬地、转腰、以身带腿，胯、膝、脚踝都要放松。腿法练习需要比较好的体能和柔韧性，可根据个人身体条件，有目的性地选择练习。在桩上可以练习的踢法身体部位有脚背、脚尖、脚掌和脚跟。

1. 脚背、脚尖

【动作说明】

①脚背、脚尖使用原理相同，在桩上练习时使用脚背部位，在实战应用中，因为鞋对脚尖有保护作用，且脚尖压强较大，可以使用脚尖进行踢击。

②脚在桩上练习以踢击鞭梢劲为主，可以提高腿的速度和准确度，为了增加踢腿速度，可以在小腿处增加负重进行练习。

③脚背使用率较高，威慑力较大，练习和使用时需要配合步法，通过灵活多变的步法移动，可以有效提高练习者基本技击能力。

④初期练习定靶桩，后期练习要活靶，最终在实战中提高综合技击水平。

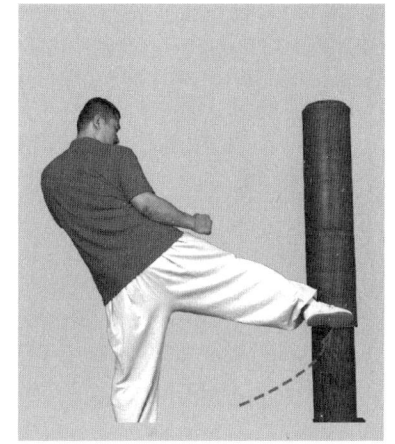

图72

【动作要领】

①脚背动作在桩上可以练习低位踢击、中位踢击和高位踢击，以练习踢击速度为主。其要领为：蹬地，提膝，转腰，扣胯，脚背展开，使小腿快速弹出，快速收回。（图72～图74）

图73

图74

②因为前腿距离对方距离更近，一般用来低位横踢、快速踢击或者骚扰对方，后腿一般以重击为主。

③实战应用：低位踢击、中位踢击、高位踢击。（图75～图77）

图75

图76

图77

2. 脚掌、脚跟

【动作说明】

脚掌、脚跟练习时，初期使用较小的劲儿踢桩、磨桩，随练习时间增长，胯、膝、脚关节逐渐放松，踢击力度逐渐加大。脚掌可以踢出鞭梢劲和松沉劲，使用时要有较好的隐蔽性。

【动作要领】

①脚掌在桩上主要练习以下动作：

a. 脚掌可以踢击鞭梢劲和松沉劲，当踢击鞭梢劲时，多用于搓踢、截踢和侧踢（侧端）。搓踢使用前脚掌或整个脚掌，踢击对方小腿胫骨。截踢使用脚掌内侧，截击对方小腿。侧踢是使用脚掌外侧，包括低位、中位和高位，侧踢一般用来阻止对方进攻进而控制与对方距离，可以踢击对方腹部、肋部或头部。（图78～图82）

图78

图79

图80

图81

图82

b. 脚掌踢击松沉劲时多用于正蹬腿，包括低位和中位。正蹬腿简单直接，与对方接触点为脚跟或整个脚掌。正蹬是常用技击动作，如果练习者经过长时间踢桩练习，有了更好的松劲，其一可以使腿快速弹出，提高踢击速度，其二可以踢出渗透劲，增加打击威慑力。（图83）

c. 根据不同动作的发力方式和发力方向不同，脚掌和脚跟可蹬、可踹、可踢，在练习和实际应用时，不宜向前送胯，而是要坐胯，更有利于控制重心，同常见正踹腿有所区别，如北京陈式太极拳"蹬一跟"动作。

②实战应用：搓踢、截踢、侧踢、正蹬。（图84～图88）

图83

图84

图85

图86

图87

图88

三、靠打桩相关问题

（一）初学者学习靠打桩的顺序

靠打桩功法练习顺序不可以一概而论，有的功夫爱好者虽然没有练习过靠打桩，但是有很好的其他功夫基础，就可以根据自己所需选择部分靠打桩动作进行练习。如果没有功夫基础，建议根据上文的动作先后次序进行练习，即首先练习靠法，找到开劲、合劲、整劲，这是练习身体躯干松的过程；然后练习打法，是练习鞭梢劲和松沉劲，是练习身体上肢松的过程；踢法是锻炼身体下肢的放松。三个训练步骤由基础到高级，层层递进，循序渐进，使身体得到全面发展。我在这里只是提供一个功夫练习角度，吃透这些基础动作后，再进行组合练习，最后通过实战反复验证、不断琢磨、精益求精。

（二）靠打桩功法的现代意义

首先，靠打桩功法只是诸多功夫训练方式中的一种，这套功法与其他如木人桩、十字桩、沙袋、哑铃等功夫训练器械是重合和互补关系，各有所长，练习者不应该拘泥于一种训练模式，不同的训练方式会带来不同的身体感受，应该多多学习、多多借鉴，见到并得到自己想要的东西。其次，这套靠打桩功法，在训练强度上，应该根据不同锻炼目的采取不同训练方式，比如老年拳友只是为了锻炼身体，则可以使用较小的劲去做一些肩靠、拍打桩等简单动作，不仅活动筋骨，也有利于套路练习；中年拳友为了提高自己的防身能力，在掌握靠法动作基础之上，再练习以身带手的鞭梢劲和松沉劲的打法动作，增加对劲儿的更深层次的理解，吃透这些基础动作之后，基本技击能力会相应提高；青少年朋友不仅要找到身体整劲和松，还要在实战中应用，真正提高综合技击水平，发现并应用自己擅长的动作。

（三）部分靠打桩动作说明

首先，人体是个极其复杂的系统，手、腿、躯干等各部位可以组合出无数种踢、打、摔、拿方法，但万变不离其宗，都是对身体这个工具的充分利用。这套靠打桩功法动作仅仅是适合在这种桩上进行练习的，还有些身体部位不适合，比如，对手指的应用这里只说明了抽、撩、插、拉的练习方法，在实际应用中，手指还可以有抓、扣、挠等动作；膝的用法也不适合在这个桩上练习，所以这里没有对其展开讲解。其次，有些动作可以在这个桩上练习，但是考虑到其实用性，也没有对其进行讲解，例如上臂的打法、头部的使用等，练习者可以斟酌练习这些动作。

（四）"米"字在桩上应用

"米"字方向是人运用自然的身体结构规律的一种方式，人类主观认识客观世界的空间维度只有三维。为了让初学者对作用力方向有更加清楚的认识而把作用力方向简化为十个方向，而且靠打桩大部分动作是单一动作，作用力变化简单，方便初学朋友学习，当练习者随着练习时间增长和对功夫理解加深，对作用力方向想必会有自己的认识。实际应用中，劲儿的变化非常复杂，比如实际应用中的肩靠打动作，肩峰像勺子一样在身体上挖一下，是曲线的螺旋前进的运动轨迹，作用力变化比较复杂。另外，同一个动作作用力方向相同，只是在不同拳种中叫法不同，比如横向平肘，有的称为扫肘、摆肘、平肘等，但使用原理一样，明白其中的用法即可，没必要对其较真，其他类似动作不再赘述。

（五）实战应用部分有很多格挡再出拳的动作，是否具有实际意义

这里的实战示范都只是演练，学习任何知识都有一个学习、模仿再到应用的过程，先学会招式，并知道怎么应用，有利于自己在练习过程中对动作有更加充分的理解，模拟演练是为了能在实际应用中运用更加熟练，贴近真实但不是真实。真实格斗受多种因素影响，例如快打慢、大打小、有意识打无意识、心理作用等，水无常势、法无定法，这里给大家提供一套基础的功夫训练方法，在真实状况中如何灵活运用，是练习者对功夫练习付出的时间和精力的综合反映。

（六）靠打桩功法练习周期

其一，建议初学者反复练习至少一年半以上，因为这些动作比较基础，只是单一的靠法、打法、踢法，简单不花哨，但实用，越是基础的动作越实用也越稳定。同时，越简单也越枯燥，也越难吃透。大道至简，其实把简单的动作练到极致也不是一件容易的事情。另外，我建议练习者应该双手双腿同时发展，因为我们有双手双腿，应该充分利用，最后做到游刃有余。当然，这是一个漫长的过程。

其二，每个人的身体条件不同，找到感觉所需要的时间也不同，这个感觉是你觉得这些动作越练越有味道，桩不再是一个单一的桩，是做到自己和桩合一的感觉。同时，越练越觉得自己距离真正功夫差得远，像田老师所说："因惑而求索，因知而求真知"。随着练习时间增长，这个过程也会带来无穷的乐趣，希望大家喜欢靠打桩，发现并利用它的价值。

（七）靠打桩功法属于哪个拳种

我们拥有相同的人体结构，没有必要刻意在拳种上产生分别心，功力有深浅，拳种没有优劣之分，所以不应厚此薄彼。功夫都是对身体的最佳应用，只是把时间和精力放在不同的地方，根据不同的需求，通过不同的训练方式，有了不同的成果。只要是适合自己的好东西皆可为我所用，例如跆拳道腿法、拳击拳法、八极拳撑锤、形意拳崩拳、咏春拳黐手、太极拳推手等，我认为都是值得学习的好东西，都应该拿来学习，并将之发挥到极致。所以没有任何一个拳种是完美的、是适合所有人的，求同存异，任何艺术做到极致都可以成为经典。这套靠打桩功法有丰富的练习动作，足可供对于拳术训练和实战技击有兴趣的朋友进行研习。

（八）最后的一点说明

拳术应学以致用，靠打桩的功法只是一种定靶训练方式，后期还要进行活靶练习，最后还要经过实战不断验证，不经过实战的练习都只是想象。现代擂台是实战的一部分，也是现在真正提高技击水平的最佳方式，只有通过实战才能将其所学的东西用出来，把知道的东西做到，当然这也是每个功夫爱好者应该努力的方向。最后，因为个人时间精力有限，这套靠打桩功法整理总结得还不够尽善尽美，艺术是无限、无止境的，也是大家的，每个功夫爱好者既是功夫的践行者，又是旁观者，希望大家能够相互交流，共同进步。

附录

田秋信歌诀选

松无止境，运转无停。舒展大方，饱满圆撑。开展于初，渐入无形。

山以静待，水以动至。以自然而非意志。从则活，意则滞。君不见？为理也。

拾荒者，日积月累，成堆；
炼金者，千锤百炼，近纯。

练拳不练步，十战九回负。
练拳必练步，见手心不怵。
教拳不教步，不算好师父。
教拳又教步，日久超师父。

进必跟，退必随，横向转换快如飞（步法）。

打的是桩，练的是步，行的是身，带的是掌，九快不如一带。

功：求于师，积于勤，出于思，失于惰，严于己，警于体，明于理。
求于师：必须有老师教。前人几百年的经验积累，是通过老师一代一代传承下来的。
积于勤：通过勤学苦练，功夫逐渐积累起来。

出于思：功夫出于思考。只练习，不思考、不动脑子、不作总结，水平很难得到提高。

失于惰：惰性会使功夫丢失。思考的惰性，肢体运动的惰性，都会让以前投入的时间和成果白白丧失。一起学习的人，有的人不动脑子，就深化不了，有的人肢体活动不够，功夫就生疏了。

严于己：严格要求自己。不要总看着别人这个有毛病、那个有毛病，就是不知道自己有多少毛病。看到别人的毛病，要立刻检查自己是不是也存在同样的问题。

警于体：时刻警惕自己在身体运动上的毛病，照镜子看自己的拳，发现不了问题，进步就慢。要善于、勇于发现自己的毛病，并改之。

明于理：打拳不明理，不行。随便摔别人几个跟头，不明白其中的道理，到最后顶多是个武夫而已。这样的人肯定不能成为师。打拳容易，成师难。

霜降天寒静若空，快慢收放似无形。
进退转换身有序，起伏跌宕势如虹。

皓首银丝着素装，顺口常吟述阴阳。
莫道真经知几许，但求共勉谢四方。

腾然展臂舒长袖，力达梢节畅自由。
阴阳转换谁知晓？收放折叠贯五洲！

晴空万里微风拂，杨柳轻摆舞婆娑。
节节相续传不断，上下贯串劲势合。

月圆月缺阴阳行，互为转换在其中。
果能识得此中意，闪转进退如清风。

自古唯有练功苦，而今方知苦难悟。
阴阳意境深几许？代代传承依如故。

知阴知阳更知拳，天水远去似相连。
难视此程有几远，不须渡翁自扬帆。

高耸青山泉亦流，古往今来源何求？
锲而不舍研习志，管尔冬夏与春秋。

浅显深奥一线间，辗转顾盼数十年。
知难识途犹未晚，跃马腾程欲竞轩。

夜深星闪灯未眠，伏首静观战正酣。
斗室兴兵术艺展，冷眼纵放对苍天。

太极阴阳互为根，转换折叠劲宜隐。
终生求索意无垠，吾欲获得宇宙魂。

太极阴阳复连环，刚柔快慢劲相衔。
未依理性研习谱，苦求一生亦茫然。

起势走螺旋，力从足底发。
节节要贯串，周身是一家。

腹内似海形如潮，转换折叠在于腰。
进退起伏身要稳，上下贯串行指梢。

天马行空，纵岳驰骋。
谁与丝缰？弦弓视虹！

偏执成功概率高，朝三暮四不可教。
欲求学得真功脉，心到功到任逍遥。

果能解我此中意，亦勤亦思须推敲。

晨练伊始起风寒，年而复始不怠慢。
欲求真经何惧远，心存阴阳重宜谦。

遥看太极峰叠峦，凝眸回瞥乃平川。
盘山过半方知远，阴阳无限越世巅。

世纪楼畔舞翩跹，周而复始悟连环。
刚柔松活勤求索，转换折叠柔中坚。

点滴小雨地皮湿，微风轻扫正当时。
名家会聚齐共武，小试锋芒有人知。

如泣似诉雨不停，执着习习梦宜醒。
环绕屈伸求索意，开合转换任尔行。

蹒跚举步竞暑寒，艰辛蹉跎不畏难。
顾盼峰峦坎坷路，誓以余生铸新篇。

残阳西去云飞渡，枫柏叱咤万木枯。
独步阴阳谁堪比，侧目一任群芳妒。

一路奔走一路行，步步奔走路不平。
艰难苦涩都尝受，依然奔走步不停。
攀至高处抬望眼，抖落尘灰又攀登。
一息尚存不停步，我以此心赴一生。

桥头两岸一水间，残苇深处野鸭闲。
偶见白鹭高飞去，冷眼帘落现西山。

大海波涛卷巨澜，高峰低谷漫无边。
山间小溪潺潺水，时隐时现非等闲。
果能顿悟句中意，阴阳无限溯开源。

桃杏李梨竞芬芳，千娇百媚吐春祥。
垂柳摇曳舒绿袖，似觉意气柔中刚！

拂晓踏晨风，归来夕阳红。
吃得世间苦，百年任人评！

万树争春梨花开，柳絮飞舞聚又来。
风吹涟漪荡蒲苇，阴阳随景谁人猜？

苍松翠柏柳低垂，春江花夜声声微。
起伏跌宕轻盈步，先蓄后发冷而脆。

四季寒暑风掠过，冷暖而今谁评说？
风过闻声雁留影，自强争战却如何？

又是三月初春色，百花争艳展绿泽。
乍冷还寒风不住，杨柳柔韧舞婆娑。
阴阳互转于无意，转换折叠全身活。

霜降将临忽来雨，我自昂然催铁骑。
车水马龙身边过，风吹水冷浸透衣。
习武何惧千般苦，又经历练仍痴迷。

九九加一九，未见耕牛走。
春水东向去，人亦难回首。

年复一年逝，已是白了头。
真想活百年，奋力朝天吼！

腊月十五月高空，银光遍洒利于行。
酷冷寒风吹不尽，我自信步与天争。

武夫天生不吟诗，笔随心意无人知。
信马由缰任尔去，且看读罢有谁识。
千呼万唤应不现，莫怨知音从来迟。

极目远眺云锁桥，朝阳半露薄纱罩。
两岸相对景各异，唯见练功依然俏。

冷风徐徐透骨寒，战战兢兢行车缓。
暴雨漫漫经几许，年迈七旬忆当年。
儿时不知蹒跚路，而今劳碌累依然。

年近岁末逢立冬，风袭叶落夕阳红。
片片飞舞情各异，归根何处不由衷。

数九隆冬北风急，寒鸦盘旋鸣凄厉。
时至小寒不见雪，我欲升空展搏击！

寒露时节草木枯，时光飞逝有似无。
古稀将至回望去，老马奋起赶征途！

小雪狂风吼，劲似皮鞭抽。
衣薄身觉冷，谁又锁眉头？

如泣如诉下不停，点点滴滴落无声。

莫道春来不复冷，一往直前不禁行。

名师何其多，明师有几人？
阴阳几许深，难倒几多人？
天地知几远，众说竞纷纭！

夕阳将落幕，又显别样红！
年虽过古稀，与众乐其中。
有朝相会时，再叙拳友情。

男儿走四方，生就性刚强。
不畏天塌陷，奋起是栋梁。
扬眉剑出鞘，挺身紫气张。

蓝天何寥廓，独步涉瀚波。
缠似绵不断，阴阳意相合。

桃红漫漫迎看黄，二月玉兰着盛装。
柳枝悠扬披新绿，草坪复苏飘清香。
满目梨花疑似雪，已是初春竞芬芳。

春风送暖轻拂面，生灵万物忙不闲。
一年之际争奋起，展翼扬眉心如愿。
螺旋缠绕终有序，众生携手铸诗篇！

清明时节春来早，万木风发竞妖娆。
节节相系劲不断，脉脉相承传指梢。

欢声笑语遍学堂，阵风吹送紫藤香。
柳絮飘逸漫天舞，疑似隆冬雪飞扬。

陈拳起处腾飞跃,一代更比一代强!

凛凛春风狂,欲催百花香。
看尔能几许,信步任平常!

课后归途身觉轻,一路漫步听蝉鸣。
莫道阴阳知几许,试看天下谁与争?

无声无息静如空,深山绝处不见行。
拳友奋力朝天吼,众仙侧耳神色惊!

夜半电闪惊雷鸣,开合转换不见影。
螺旋缠绕无穷尽,起伏跌宕势如虹!

如梦如痴静观月,映衬大地疑似雪。
纷纭战绩均成史,而今迈步从头越!

晨起出行雾霾蒙,双闪烁烁马达轻。
健身暂缓不宜练,且盼晚秋吹劲风!

曲径寒石柳枝垂,随风摇曳伴晨辉。
高耸钟楼不见影,水波清照乱云飞。

寒风肆虐树折株,狂扫万物雾尽除。
年逾古稀不曾断,斗室开合任展舒!

寒冬振杰赴京城,雾霾瞬时一扫清。
飞步靠打声声重,采挒肘靠任君行!

一言难尽数十年,太极路上如盘山。

岁月如梭几多苦，亦步亦趋不曾闲！

快慢迟缓心且松，节节相衔须呼应，
似动似静君不晓，意在其间有无中。

电闪雷鸣雨打窗，转换折叠阴亦阳。
螺旋缠绕无穷尽，松活弹抖势气长！

莫道君知晓，可知路遥遥？
哲理述拳经，一言天下小。

如泣如诉雨不停，绵绵不断细无声。
缠绕延伸劲相续，似展非展势如虹！

萧萧瑟瑟秋水寒，迷迷朦朦群山远。
层层叠嶂都不见，阴阳转换非笑谈。

太极嘴长舌，泥佛过江河。
张口天下小，自重有几何。

山海海峰竞比高，脚踏祥云作天桥。
展望八方烽烟起，回眸一览众山小！

冬风劲扫叶飞空，铁骑疾驶犹觉冷。
四季寒暑不曾断，练就一身铁骨铮！

周游归来上病床，起伏不止论阴阳。
极目遥望思不尽，康健龙体定翱翔。

闲来漫步桥边过，信口一开诗成河。

行云流水屈就伸，起伏跌宕全身活。

道理知万千，自命称非凡。
事事不实践，博学也枉然。

春雨绵绵悄无声，滴滴入地润京城。
式式相续劲不断，节节贯串总无停。

行迹遍九州，漫步彩云间。
借问君何往？消逝寰宇湾。

夜深人静悄无声，身在异国心难平。
老有所为肩负重，中华文化万里行。

年复一年漫步行，古稀过后仍不停。
太极路遥无穷尽，我欲展翅跃鹏程。

月下秋风凉，松涛波飞扬。
泉水声不断，劲至柔中刚。

晚秋深夜雨绵绵，如泣如诉不晴天。
我欲展翅腾空起，拨云见日弹抖间！

四月风吹雪，百木摇曳急。
春花依灿烂，我辈不可欺！

漫天杏花雪，久久不停歇。
节节劲相续，接手捧打跌。

初春小雨声如泣，遍洗桃花也痴迷。

劲劲衔接势不断，强身健体两相宜。

小暑骄阳烈似火，幸有微风轻吹拂。
阴阳转换续不断，一泻千里看江河！

小暑未入伏，已进桑拿屋。
习武频挥汗，阴阳竞自如。

立夏前夕寒流急，狂风肆虐草木低。
依然昂首不停步，潇洒飘逸行太极！

朔朔寒风夜，凛冽不停歇。
依同晨曦起，习武伴日月。
躺下似卧佛，站立我是爷！

才疏学浅文笔秃，字里行间华章无。
只缘得识太极路，随手一挥展宏图。

清明前夕雨潇潇，点滴入地形无杳。
于无声处细听雨，阴阳转换涌波涛。

乌云翻滚雷霆隆，电闪飞烁剑划空。
急乘坐骑呼啸去，天公欢舞送一程。

阴云密布不晴天，人披铠甲马备鞍。
风雨雷霆任它去！我自来去亦逍然。

一生读书少，难比众文豪。
写得些许句，弟子做歌谣。
老朽不懂诗，还望莫见笑。

朝宗西行古河畔，放目远眺漫无边。
引擎轰鸣声不停，草木杳杳都不见。
仰天借问何所去？目空一切静思拳。

朔风凛冽透征衣，呼啸寒流刀割皮。
精神抖擞迎面去，男儿岂惧酷冷袭？
自有传承志不移，艰苦卓绝当儿戏！

狂风呼啸迎立春，气温骤降冷冻人。
拳友团拜纷纷至，顿觉陋室到春分。

一路风尘一路歌，漫步前行曲成河。
声声难尽拳中意，岁月悠悠有几多？
年过古稀余几度？依然高唱太极歌！

人似草木度一生，五彩缤纷各不同。
探讨武学各奋勇，出类拔萃奋不停！

潇潇雪景夜独行，茫茫白漠静无声。
脚踏随势即没面，寻寻觅觅太极情。

雪冬一景心怡醉，共诉阴阳酒一杯。
道上一声祝愿语，蜡梅一色武生辉。

除夕夜半彩升空，万花腾飞竞峥嵘。
星光闪烁神各异，试看谁个与共鸣！

阴云密锁气势低，变幻莫测不失迷。
天若降雪迎风站，屹立乾坤无归期！

手扶青山望云霄，天空寥廓任我行！
呼啸寒风阵阵急，冷眼观潮涌波低。
山山水水都走过，惊涛骇浪不弯躯！

文武情结重，日月各纷呈。
阴阳显底蕴，共勉与世争！

青松翠柏小河湾，王府群建隐隐现。
错落有致条条路，湖光塔影映石船。
相约而至游胜地，春风得意好行拳。

劲风呼啸树折腰，百鸟静卧不出巢。
养精蓄锐览通史，忙里偷闲洗征袍。
日积月累读万卷，阴阳转换竞狂飙！

夜色深空月无踪，繁星闪烁路难行。
仰望苍穹多寂寞，阴阳无限斗寒宫！

凛冽寒风刺骨急，呼啸犀利透征衣。
昂首前行三冬暖，战天斗地看山低！

雷鸣闪烁雨随落，顿时旷野地成河。
交响阵阵排山势，看天发作奈我何？

漫天飞舞雪晶莹，洋洋洒洒落地兵。
路途艰辛几多险？顶风冒雪仍从容！

激奋平生志毅豪，手抚青山望云霄。
何时插翅腾飞跃？振臂一抖展狂飙！

天高云淡秋风徐，阵阵吹拂微波起。
每每似觉心轻灵，深感阴阳神情怡。

更深入寂灰残月，悠悠往昔心如血。
历经沧桑谁堪比？腾然跃起从头越！

腊月七八进寒冬，犀利地裂树嘶鸣。
冰冷残酷何以惧？闲庭信步战征程！

风瑟瑟兮雨潇潇，听凭吹洒头扬高。
历尽沧桑不觉苦，奋起群雄自领潮！

龙腾虎跃马争先，不才时赶本命年。
七十有二路漫漫，年年岁岁舞翩跹！

顶风冒雨箭离弦，天水直泻爷洗脸。
风霜雨雪何所惧？天意历练亦潇然！

劈雷电闪惊煞人，乱箭纷至雨倾盆。
车过水涌层层浪，风驰电掣又一村。

支点意运螺旋发，精神放松劲易达。
潺潺溪水绵绵续，飞瀑直下落开花。

如期而至雪纷飞，银装素裹柳低垂。
松活弹抖腾挪步，蹒跚跳跃九重梯。

如约而至雨纷纷，气温直降爽宜人。
阴阳转换常常变，进退折叠须松沉。

门人弟子感悟

　　春节前虽然曾去田师家中看望，但已有近一年未睹田师授课了，前几天趁着在北京，又去元大都辅导站拜谒了田师，见师清健胜昔，私心甚慰。

　　多年来独自在异乡求学，与田师睽违之日多而承教之日少，与众师兄师姐更是聚少离多，加之生性不喜走动，于拳学常感独学无友、孤陋寡闻。日常习拳虽不勤勉，然每一念及田师话语谆谆，亦时时不敢或忘。其间每当自觉稍有尺寸之进，或偶有一得之乐时，再反观田师的示范，又每每生出夫子奔逸绝尘，而我瞠乎其后之慨，愈觉难望项背，诚不可企及。

　　那日观田师与人搭手，在运动中不断创造机会，占尽先机、得机得势，将对方牵引带动，如回风舞细雪、巨涛卷孤舟，真正将拳经中因敌变化、舍己从人，从而我顺人背、引彼入我乱环中的旨趣发挥得淋漓尽致。更准确地说，田师将敌手引入的不是"乱环"，而是"乱旋"。言其"乱"，只是让人眼花缭乱，而此中自有奥妙与规律，一点也不乱；言其"旋"，是因为田师从脚下而腰腿、而胸腹、而肩背、而臂肘、而到手的梢节，全部在做螺旋缠绕，而每一部分又有机地聚合在一起，如线串珠，节节贯串，形成一个大的螺旋，将对方裹挟席卷，一遇可乘之机便将其吞噬，其势乃不可当也！

　　然田师之拳，虽有此凌厉无俦，却温润含蓄，虽变幻莫测，却中和正大。盖凌厉则易有杀伐之气、胜人之念、斗争之心；变幻则易有诡谲之意、狡黠之机、阴险之虑。田师曾云："打人容易空人难，打重容易打轻难"。此"难"非仅难在技巧的纯熟与收放的自如，实则更难在居心。拳由心发，拳乃心声，有其人，斯有其拳。这次回来，感触最深的其实就在此。因此这两日观田师行拳，最想的是从那一招一式一转一合中，读出他对世间的见解，对人生的态度，读出其中的精神魂魄，读出里面的款款心事。古人评价一个人的书法造诣，说"做字如做人，人奇字自古"，这句话用在拳上亦然。心无窒碍，玲珑剔透，才可力活形顺而圆转如意；正道直行，坦坦荡荡，方能气势如虹而经天贯日。

然而要臻于这种蔼然通达、游刃有余的境地又谈何容易，此非经数十年的人生阅历、数十年的孜孜求索与数十年的功力火候而不可！人们常以登山比喻为学之艰难曲折，田师亦有诗云："盘山过半方知远，阴阳无限越世巅"。虽然他经常谦称自己不过是武术爱好者中多历年所的一个人，自己也正在攀登这座武学之山，但当他把领略过的沿途风光和脚下路径一一指点给我们的时候，望着他向上攀爬的坚毅背影，已然可以令人体会到一种如山的高度。

弟子 石琨记

第一次接触太极拳是在我小学时，当时全国热播电视剧《太极宗师》，主演吴京潇洒利落的身手给我留下了深刻的印象，而我也知道了那行云流水般华丽的武术动作便是太极拳。

随着年龄的增长，我对太极拳的兴趣与日俱增，没有老师教授，我便通过书本摸索学习，沈家桢的《陈式太极拳》，冯志强的《陈式太极拳入门》都曾是我爱不释手的教材，好在书中有拳架照片，可供我模仿学习，然而习武毕竟不同于学文，光靠言传，缺乏身教是很难全面掌握这项技术的，照片反映的往往只是某个拳架的定势，但拳架与拳架之间的衔接过渡无从反映，而衔接处的过势才是拳术的精华，非有老师传授，很难领悟。所以虽然我自学的兴致很高，却始终不得太极之门而入。

就在我苦恼之际，机会终于来了。高中毕业之后，我来到大学学习，我清楚地记得2007年春日一个明媚的午后，当时我在第三教学楼上自习，偶然经过走廊，看到墙上宣传栏里贴着一张太极拳培训启事，培训地点在清华小树林，时间是下午五点至六点，教练是北京陈式太极拳传人田秋信先生，当时我关于太极拳的知识全部来自书本，知道一些太极名家，田秋信却从未听过，何况社会上不学无术却自称大师传人的也不在少数，所以也没有太在意，就是想抱着试一试的心态去听一听，没想到这一听，竟把我真正引入了太极之门。我一直认为我和太极拳挺有缘，其实这缘分早在我小时候就种下了，正是因为我打小就对太极拳怀有浓厚兴趣，所以耳之所闻，目之所见，处处留意，总能捕捉到太极拳的消息。

　　田老师讲课幽默风趣，简洁明了，拳风古朴厚重，流畅大方，打破太极拳讲气务虚的误区，强调实战，令人有耳目一新之感。事实上，田老师的每一堂课我都听得兴致盎然，对太极拳的理论和实践，都有了一种由内而外的认识和提升。也许是因为以前困学的时间太长，在田老师的点拨下，我几乎每一天都有进步，非常兴奋，经常晚上躺在床上还在思考练习。田老师经常说诗言志，拳也能言志，练拳只有先感动自己，才能感动别人，他的确是一个善于感动学生的老师，而我也在练拳中日渐感动着自己。很快，我便学会了陈式太极拳一路和二路154个动作，有时田老师讲完后会让我带着同学们一起练习，这是我最开心的时候，因为这说明我的练习成果得到了老师的肯定。田老师有一句名言："知道叫知识，做到叫本事。"这是告诫我们不要做空头理论家，而要勇于做实践家，其实太极拳作为内外兼修的身心运动，如果身上练不到，理论也是无从体会的，实践出真知，真正的太极理论家一定是实践家。随着习练的深入，我对太极拳理论也有了自己的感悟，有时写成文章，田老师看了后表示赞同，更增加了我习练太极拳的信心。

　　田老师运用太极拳的实战能力我是亲眼见过的，我跟田老师练拳时他已经68岁高龄了，有一次在广场上和一个习武多年的日本小伙推手，一开始小伙猛力推顶，田老师则采取守势，战事似乎胶着，突然间小伙身形失控，一头向田老师身后栽去，身体在空中翻了个滚后背部着地，而田老师似乎根本未曾出手，对于这一突然变动，很多人都看不明白，小伙本来立在田老师前面推顶，怎么会突然向其身后栽去呢？田老师到底有没有动作呢？其实田老师的确有动作，只不过动作隐蔽迅捷，一发即收，幅度极小，所以致使挨打的人稀里糊涂，观看的人莫名其妙，而这正是武术的精髓，拳打两不知，一切自然而然，有意造势，无意成功。电光石火间的奥秘就在于对于劲力的感知与引化，田老师通过守势逗引出小伙全力推顶的劲力，然后抓住小伙推顶旧力已尽，新力未生的瞬间，变守为攻，瞬间卸力，致使小伙推力落空。同时双手顺势向右后方拨动小伙，借其旧力致其栽扑，这便是太极拳的引进落空。关于这一次较量，我写过一篇《田老师引进落空，日本人惊心震胆》的文章，贴在武术论坛上了。

　　毕业之后，我在外谋生，有一段时间甚至在武馆当起了太极拳教练，后来成为一名电厂职工，同事们知道我练太极拳，都很好奇，有的也跟随我练习。工作之余，我对太极拳的兴趣依然浓厚，一听说哪里有练太极拳的，便跑去观看，看得多了，对太极拳的现状也有了一些自己的看法。太极拳，顾名思义，是一门拳术，是拳术，就要能实战，就要以能否战斗作为检验拳术正确与否的标准，所以我所习练的太极拳每一招每一式都有它的实战含义。所谓太极拳来去无空手，就是说太极拳所有的动作都指向一个目标——实战，实战就是它的本质内涵。失去了这一内涵，就不能称之为拳，而只能称之为操，可以健身，却难以实战。而当下社会上所普及的太极拳，其实大多是以健身为目的的太极操，健身是很好的，可如果把体操贯以拳术之名，就未免显得不伦不类了。我认为拳术还是要以实战为标准去习练，去检验，遗憾的是，现在这样想、这样练的人越来越少了。这是社会发展的必然，从老舍的《断魂枪》中就已经初见端倪了，沙子龙的断魂枪在火器时代已无用武之地，太极拳的实战内涵也要就此沉沦了吗？

西方列强的入侵搅醒了东方的大梦，但也就此振奋了民族的精神，在全新的时代，太极拳作为创始自明末清初的古老拳种也走上了新的发展道路，普及推广、多元融合、走向世界是太极拳发展的必由之路。如今，大街小巷随处可见太极拳习练者的身影，不仅如此，太极拳早已成为具有浓郁中国风情的文化符号，日渐被世界人民所了解并喜爱。可以说，发展形势大好，但我们也应该认识到，发展的前提是继承，而继承的关键是对本质的继承，失去本质，空有形势的发展，便如无本之木、无源之水，是很难长久的。我想，只有继承太极拳实战的本质，才能真正取得长足的发展。鲁迅说"只有民族的才是世界的"，只有永葆本质的太极拳才是原汁原味的太极拳，才是我们民族的瑰宝、世界的财富。

我一生中能与太极拳有这样的缘分，令我感到由衷的欣慰，它带给我的每一天都是新鲜而熨帖的，我喜爱它，正如我喜爱自己的生命。拳谚中说，"拳虽小道，而本于太极正道"，借由拳术来体悟人生的哲理，正是我所醉心追求的境界。为此，我将怀着无比热忱的心态投入太极之路，努力开拓，奋勇前进。

弟子 刘家铭记

学艺最大的幸运莫过于得遇明师，明师引领正确的道路，激发学习的潜力，是学艺"领进门"的启蒙老师。

我学习中国传统功夫实属偶然。读大学时，有一次与同学角力，同学体重远小于我，但当我推他时并不能使用全力且发现他的力量并不符合他的体重，发现他使用的是太极拳中的推手，这引发了我对传统功夫的兴趣，于是开始接触太极拳。2015年9月，我来北京求学，有幸遇到田秋信老师，因为我有运动基础和较好的身体条件，学习表面动作较快，但是对功夫理解非常浅薄。老师讲拳处处以实战出发，所以我对太极拳的兴趣也越来越浓厚，在读研究生3年期间，每周都去田师教拳场地学习，练太极拳也成为我生活的一部分。春夏秋冬的每个周六周日，无论风霜雨雪、烈日寒冬，每次都是田师最早到达教拳场地，他常说"我不能让人家白叫一声老师"，令人敬佩！

每次听田师讲拳都会有新的感悟和收获，不是他教授的内容变了，而是因为之前我对某个拳式的理解太浅薄，以为听懂了，但是后来发现是真没听懂，不知多少次有同样的感受，记得有一次听田师讲授掩手肱拳拳式，清楚记得我在一个角落听得热泪盈眶，无法抑制内心的激动，一个简单动作怎么可以讲得如此精彩，一个普通式子怎么会有如此深的感悟，一套拳怎么可以有如此丰富的世界，这让我着迷。同样让我着迷的还有田师的靠打桩功法，偶然得见他教授师兄练习靠打桩，心生疑惑，只有这一根木头就可以练出这么震撼、这么巧妙的功夫？第二天，我就在学校埋了一棵桩，这一埋就把我的大学所有课余时间"埋"进去了，越练习越有味道，越发现自己对功夫认识的无知和轻薄，也感受到功夫需要一生的探索和修习，是一条没有尽头、没有边界的路，是涤荡心灵和自由表达身体的生活艺术，不禁让我感到田师对拳的感悟境界仰之不可攀、俯之不可测，望之莫及。

田师用毕生精力研习北京陈式太极拳，以实事求是的心态和丰富的实践经验，用精练而准确的文字概括六十多年练拳心得，用自己的亲身感悟不断丰富太极拳理论，并通过生动的生活实例讲解拳理，田师讲课风趣幽默、深入浅出、引人入胜，凡亲身和田师学习过的学生无不欣然称赞。"因惑而求索，因知而求真知"是田师格物致知精神的生动体现，"一息尚存，定当自强不息"是田师的座右铭。田师一生求实求是、不怕艰苦、严于律己的奋斗精神激励着我们前进，如今田师七十又八，仍然不惧夏暑冬寒，传授北京陈式太极拳，让我们后来者不禁为之震撼和佩服，同时我们应该踏踏实实地刻苦练习，不负武学先辈宝贵财富和师父厚望。

弟子　杨海建记

北京陈式太极拳精编40式拳谱

图书在版编目（CIP）数据

田秋信北京陈式太极拳 / 田秋信述著 ; 夏旭东摄影
. -- 北京：人民体育出版社, 2021 (2024.4重印)
ISBN 978-7-5009-5978-6

Ⅰ. ①田… Ⅱ. ①田… ②夏… Ⅲ. ①陈式太极拳—
通俗读物 Ⅳ. ①G852.11-49

中国版本图书馆CIP数据核字(2021)第033398号

*

人民体育出版社出版发行
三河兴达印务有限公司印刷
新 华 书 店 经 销
*
787×960　16 开本　18.75 印张　309 千字
2021 年 12 月第 1 版　2024 年 4 月第 2 次印刷
印数：4,001—5,500 册
*
ISBN 978-7-5009-5978-6
定价：68.00 元

社址：北京市东城区体育馆路 8 号（天坛公园东门）
电话：67151482（发行部）　　　　邮编：100061
传真：67151483　　　　　　　　　邮购：67118491
网址：www.psphpress.com
（购买本社图书，如遇有缺损页可与邮购部联系）